이중톈 중국사

KB165810

易中天中華史：百家爭鳴

백가쟁명

百家爭鳴

易 中 天 中 國 史

이중톈 중국사 \06\

이중톈 지음 | 김택규 옮김

글항아리

일러두기

－ 이번 권에서 언급된 역사적 사실은 『좌전』『국어』『사기』, 판원란范文瀾의 『중국 통사』
   젠보짠翦伯贊의 『선진사先秦史』, 퉁수예童書業의 『춘추사』를 참고했다.
－ 본문에서 괄호 속 설명은 지명 표기, 등을 제외하면 옮긴이가 붙인 것이다.

하늘은 높디높은 곳에서 침묵을 지키고 있지만
털끝 하나도 빠짐없이 모든 것을 통찰한다.
"천명을 받아 중국에 거한다"고 자처했던
주나라인은 제도의 혁신과 문화의 재건으로
중국 문명의 기초를 다졌다.

中 / 國 / 史 /

장저와 걸닉의 말을 전해 듣고 공자는 탄식하며 말했다.
"천하가 태평하다면 내가 이렇게 동분서주할 필요가 있겠느냐?"

세상을 구원하라

천자의
검

장자는 검객의 옷차림을 하고 성큼성큼 왕 앞으로 나아갔다.

조왕趙王이 칼을 잡고서 기다리고 있었다.

왕이 물었다.

"선생께서는 무엇으로 과인을 가르쳐주시려고 보자 하셨소?"

장자는 말했다.

"검입니다."

"검으로 뭘 어쩌시려고?"

"소신의 검은 열 걸음마다 한 사람을 베고 천 리를 가도 막을 사람이 없습니다."

"천하무적이군요!"

"한 번 시험해 보이고 싶습니다."

왕이 물었다.

"선생께서는 장검을 쓰시오, 단검을 쓰시오?"

"아무래도 괜찮습니다. 다만 신에게는 세 가지 검이 있는데 어떤 것을 원하십니까?"

"그 세 가지 검이 무엇이오?"

장자는 말했다.

"천자의 검과 제후의 검과 서민의 검입니다."

왕이 물었다.

"천자의 검은 무엇이오?"

"연나라가 칼끝이고 제나라가 칼날이며 위나라는 칼등, 송나라는 칼 밑, 한나라는 칼자루, 발해渤海는 칼집, 북악北岳은 칼 띠입니다. 또한 오행五行으로 온 세상을 제어하며 조화造化로 뭇 생명을 다스리니 사방에 거칠 것이 없고 아래위로 막힘이 없습니다. 이 검을 한 번 쓰기만 하면 제후들의 기강이 바로 서고 천하가 평정됩니다. 이것이 곧 천자의 검입니다."

조왕은 망연자실해서 또 물었다.

"제후의 검은 무엇이오?"

"지혜롭고 용기 있는 자가 칼끝이고 청렴한 자가 칼날이며 현명한 자가 칼등, 충성스러운 자가 칼 밑, 호걸이 칼자루입니다. 또한 위로는 하늘을 법도 삼아 해와 달과 별의 세 빛을 따르고 아래로는 대지를 법도 삼아 사계절을 따르며 가운데로는 백성의 뜻을 헤아려 온 나라를 편안하게 합니다. 이 검을 한 번 쓰기만 하면 천둥이 치는 듯하고 세상 사람들이 다 복종합니다. 이것이 곧 제후의 검입니다."

조왕이 또 물었다.

"서민의 검은 무엇이오?"

"지저분한 몰골에 화가 나 어쩔 줄을 모르며 눈을 부릅뜨고 말을 더듬으면서 위로는 목을 베고 아래로는 간과 심장을 찌르니 검을 쓰는 것이 싸움닭과 같습니다. 대왕의 부하들은 모두 이렇지 않습니까?"

말을 다 듣고서 조왕은 장자의 손을 끌고 궁전 위로 올라갔다. 그러고는 식탁 주위를 빙빙 돌며 한참동안 심란해했다.

장자는 말했다.

"대왕께서는 그만 마음을 가라앉히십시오. 검에 관한 이야기는 이미 다 말씀드렸습니다."[1]

이 이야기는 물론 역사적 사실이 아니며 장자 본인이 한 이야기도 아니다. 장자 학파의 후인들이 지어낸 우언寓言에 불과하다. 우언 속에는 함축적인 우의寓意가 있으며 우의가 정확히 무슨 뜻인지는 각자 이해하기 나름이다.

『장자』에 담긴 위의 「설검說劍」 편은 선진제자先秦諸子가 벌인 백가쟁명百家爭鳴의 상징으로 봐도 무방하다.

선진제자란 무엇인가?

---

1 위의 내용은 『장자』 「설검」 참고.

선진제자는 춘추 시대 말기부터 진한秦漢 시대 전까지 300년 간 활약한 위대한 사상가들을 말한다. 훗날 그들은 유가, 묵가, 도가, 법가, 명가名家, 잡가雜家, 농가農家, 음양가, 종횡가, 소설가小說家의 10가로 분류되어 구류십가九流十家 혹은 제자백가라고도 불렸다.

제자백가 중에서 가장 영향력이 컸던 것은 유가, 묵가, 도가, 법가였다. 그리고 가장 유명한 대표자는 공자, 묵자, 노자, 맹자, 장자, 순자, 한비韓非다. 지금도 중국인이라면 누구나 그들의 이름을 알고 있다. 사실 그들은 머나먼 시대에 살았음에도 불구하고 그들의 흔적은 아직까지도 중국인들의 삶 곳곳에 남아 있다.

그 수많은 위대한 사상가가 한꺼번에 출현한 것은 일종의 기적이었지만 그 기적은 전 지구적 현상이었다. 실제로 같은 시기, 같은 위도(약 북위 30도 전후)에서 남아시아에서는 석가모니, 서아시아에서는 유대의 선지자들, 남유럽에서는 고대 그리스 철학자들이 출현했기 때문이다. 그래서 독일의 철학자 야스퍼스는 그 시기를 '축의 시대Axial Age'라고 명명했다.

축의 시대는 '중추적 단계'라고도 불린다.[2]

축의 시대의 사상가들은 유대, 인도, 그리스와 중국의 정신적 지도자이자 세계 각 민족의 정신적 스승이다. 그들이 제시한 사상적 원칙은 다양한 문화 전통을 빚어냈을 뿐만 아니라 인류의 삶에 지속적으로 영향을 끼쳐왔다. 그래서 그들은 멀지만 낯설지 않다. 그러나 동시

015

---

2 이 견해는 야스퍼스가 1949년에 출판한 『역사의 기원과 목표』에서 제기되었다.

에 친근하지만 분명치 않다. 그들의 사상과 관점과 방법을 일일이 다 꿰뚫고 있는 사람이 얼마나 될까? 아마 많지 않을 것이다.

물론 그래서는 안 된다. 명확히 정리할 필요가 있다.

대체적으로 400년에 걸친 축의 시대는 세 단계로 나뉜다. 첫 번째 단계는 공자, 유대의 선지자들, 석가모니, 피타고라스의 시대로서 4대 문명이 동시에 꽃을 피웠다. 두 번째 단계는 묵자와 소크라테스, 『노자』의 저자와 플라톤[3], 그리고 맹자, 장자와 아리스토텔레스의 시대로서 중국과 그리스가 나란히 발전했다. 세 번째 단계에서는 그리스인이 역사의 무대에서 퇴장하고 순자와 한비만 남았다.

그것은 기이한 광경이기도 했다.

그 기이한 광경은 공자 때문에 나타났다. 유대의 선지자들과 석가모니는 적수가 없었으며 그리스 철학자들은 스승과 제자의 전승 관계를 이뤘다. 오직 공자만 적수도 있고 계승자도 있었다. 물론 적수들 사이에서도 여러 갈래가 있었지만 공자에게 반대하는 데 있어서는 일치했다. 특히 묵자, 장자, 한비는 '삼총사'로서 공자를 향해 정면으로 칼을 겨눴다. 백가쟁명은 이로부터 시작되어 면면히 이어졌다.

그러면 공자는 대체 어땠을까?

그 역시 천자의 검을 가졌을까?

---

3 노자가 실존 인물이었는지, 그리고 『노자』가 누구에 의해 씌어졌는지는 학계에서 오랜 논란의 대상이었다. 나는 『노자』가 공자와 장자 사이에 씌어졌고 묵자와 양주보다는 조금 늦었다는 학자들의 의견에 동의한다. 이 책은 그 사상적 원천이 이이李耳나 노담老聃이나 태사담太史儋이나 노래자老萊子에게서 비롯되었을 수도 있지만 아마 그들의 이름만 달고 세상에 나왔을 가능성이 크다.

공자의
유지

공자는 임종을 앞두고 자공子貢을 만났다.

성이 단목端木이고 이름이 사賜인 그는 자가 자공으로서 공자의 가장 중요한 제자 중 한 명이었다. 공자가 중병에 걸렸다는 소식을 듣고 그는 외지에서 바삐 달려왔다. 그가 도착했을 때 공자는 지팡이를 짚고 문가에서 산책을 하고 있었다. 그를 보자마자 공자가 던진 첫 마디는 이랬다.

"사야, 너는 어째서 이렇게 늦었느냐!"[4]

그때는 노魯 애공哀公 16년(기원전 479) 4월이었다. 초여름의 석양이 드넓은 벌판 위에 무겁게 내려앉으며 하늘의 먹구름에 금테를 둘렀다.

그렇다. 금테였다.

사실상 공자는 바로 '금테'였고 그 저물어가는 '태양'은 주나라의 제도와 문화였다. 이 점을 공자는 잘 알고 있었다. 그래서 그는 자공에

---

4 『사기』「공자세가孔子世家」 참고.

게 뒷일을 부탁하려 했다.

그러면 공자가 마음을 못 놓았던 일은 무엇이었을까?

세상의 구원이었다.

과거에 여러 나라를 주유할 때 공자 일행은 초나라의 엽현葉縣에서 채나라로 돌아가려는데 나루터를 찾지 못했다. 그때 수행원이자 수레를 몰던 사람은 중유仲由(자는 자로子路)였다. 공자는 말고삐를 넘겨받고서 자로에게 나루터가 어디인지 물어보고 오라고 했다.

자로는 농경지 쪽으로 가서 나란히 밭을 갈던 두 사람에게 물어보았다. 그 두 은사는 장저長沮와 걸닉桀溺이었다.

장저가 물었다.

"말고삐를 든 사람이 누구인가?"

자로가 답했다.

"공구孔丘입니다."

그때 자로는 나이든 사람과 이야기하고 있었으므로 공자의 이름을 말했다.

장저가 또 물었다.

"노나라의 그 공구 말인가?"

"그렇습니다."

"그러면 나루터가 어디인지 모를 리 없을 텐데!"

그것은 함축적인 말이었다. "공자는 세상 사람들에게 잘못된 길을 **018**

가지 말라고 지적해주는 사람인데 나루터도 못 찾는단 말인가?"라고 이해할 수도 있고 "공자는 진즉에 어디로 갈지 알고 있는데 굳이 내게 물을 필요가 있나?"라고 이해할 수도 있다.

두 가지 해석 모두 뜻이 통한다.

완곡히 거절당한 자로는 할 수 없이 이번에는 걸닉에게 물었다.

걸닉이 물었다.

"선생은 뉘신가?"

"중유입니다."

걸닉이 또 물었다.

"노나라 공구의 제자인가?"

"그렇습니다."

"지금 천하는 온통 도도히 흐르는 물결 같은데 누가 바꿀 수 있겠는가? 또 누구와 함께 바꾸겠는가? 공구처럼 나쁜 사람과 절연하는 것보다는 우리처럼 아예 사회와 절연하는 것이 낫네."

말을 마치고 두 사람은 자로를 외면한 채 밭가는 일에만 열중했다.

자로는 어쩔 수 없이 돌아가서 공자에게 그들이 한 말을 고했다. 공자는 탄식하며 말했다.

"천하가 태평하다면 내가 이렇게 동분서주할 필요가 있겠느냐?"[5]

그렇다. 천하에 도가 없기에 세상을 구하러 나선 것이었다.

019   그런데 문제는, 과연 구할 수 있었을까?

---

5 『논어』 「미자微子」 참고. 이때는 엽葉에서 채나라로 돌아갈 때였다고 사마천은 기록했다.

구할 수 없었다.

이 점은 자로도 알고 있었다. 자로의 생각은 "도가 행해지지 않는 다는 것은 이미 알고 있다道之不行, 已知之矣"였다. 그런데도 왜 계속 세상을 구하려 했을까? 왜냐하면 군자로서 맡은 바 소임이 있었기 때문이다. 그것이 힘든 일인 줄 알면서도 노력했던 것은 단지 자신의 주장을 실행해 사인士人으로서의 책임을 다하기 위해서였을 뿐이다.[6]

도의상 그만둘 수 없는 일이니 밀고 나갈 수밖에 없었다. 한번은 자로가 관문 닫는 시간을 맞추지 못해 노나라 성문 밖에서 하룻밤을 묵었다. 이튿날 아침, 문지기가 자로에게 물었다.

"어디서 오셨죠?"

자로가 말했다.

"공자의 문하에서 왔소."

그러자 문지기가 대뜸 말했다.

"아하, 안 되는 일인 줄 뻔히 알면서도 행하는知其不可而爲之 그 분 말이죠?"[7]

"안 되는 일인 줄 알면서도 행하는 것"이 바로 공자의 정신이었다. 이런 정신은 존경받을 만한 가치가 있으며 실제로 사람들에게 존경을 받았다. 변방을 지키던 어느 말단 관리는 공자의 제자들에게 이렇게 말했다.

"천하에 도가 사라진 지 오래이니 하늘은 장차 선생을 백성들의 스

---

6 『논어』「미자」 참고.
7 『논어』「헌문憲問」 참고.

승으로 삼을 것입니다."**8**

'의봉인儀封人'이라는 직함의 그 관리는 틀린 말을 하지 않았다. 한漢 무제武帝 이후 공자는 정말로 '대성지성선사大成至聖先師'가 되었다. 하지만 안타깝게도 이 백성들의 스승은 화려한 '금테'일 뿐이어서 겉보기만 화려하고 쓸모가 없었다. 더구나 이 금테가 장식한 것은 공자가 회복하려던 주나라 제도가 아니라 그가 생각조차 못했고 좋아할 리도 없었던 진나라의 제도 혹은 한나라의 제도였다.

의심할 여지없이 그것은 공자의 유지가 아니었다.

그러나 그로서는 어찌할 수 없는 일이었다.

확실히 역사는 영웅에 의해 만들어지지 않는다. 반대로 영웅의 형상이 역사에 의해 만들어진다. 만약 우리가 진짜 공자를 알고자 한다면 그가 자공에게 남긴 유언이 사실에 부합됨을 유념해야 한다.

"천하에 도가 없어진 지 오래되었는데 아무도 내 주장을 믿지 않는구나."**9**

그러면 공자의 주장은 무엇이었을까?

8 『논어』「팔일八佾」 참고.
9 『논어』「공자세가」 참고.

유가의
처방

공자의 주장은 "나를 이기고 예로 돌아가는 것", 즉 '극기복례克己復禮'
였다.

극기복례는 공자가 안회顏回에게 제기한 개념인데 원문은 "나를 이
기고 예로 돌아감이 인이다. 하루라도 나를 이기고 예로 돌아가면 천
하가 인으로 돌아간다克己復禮爲仁. 一日克己復禮, 天下歸仁焉"[10]이다. 인은 공
자의 핵심 가치이며 예는 공자의 정치적 주장이다. 그리고 안회는 공
자가 가장 마음에 들어 한 제자다. 따라서 이 말은 유가의 강령이라
고 할 수 있다.

그런데 공자가 살던 시대는 '예악 붕괴禮樂崩壞'의 시대였다. 더 풍자
적인 것은 이 네 글자를 그의 제자가 말했다는 사실이다.

그 제자는 재여宰予였다.

재여는 변설에 능하고 따지기를 좋아해서 공자를 난처하게 만들곤

『논어』「안연顏淵」 참고.

했다. 한 번은 그가 뜻밖의 질문을 했다.

"부모님이 돌아가시면 왜 삼년상을 치러야 합니까? 너무 길지 않습니까? 군자가 3년을 예를 행하지 않으면 반드시 '예가 무너질 것禮必壞'이며 3년을 악을 행하지 않아도 반드시 '악이 무너질 겁니다樂必崩.'"

바로 위의 말이 '예악 붕괴'의 출처다.

재여는 궤변을 늘어놓고 있다. 삼년상 자체가 예악을 지키는 일인데 어째서 예악이 무너진다는 것인가? 그런데 상을 치르는 기간에 음주와 섹스를 비롯한 향락을 아예 금한 것은 사실이다.

이 점이 다소 골치가 아프다.

우리는 유가에서 예와 악이 혼연일체를 이루며 악이 없으면 예도 없다는 것을 알고 있다. 더욱이 세 가지 불효 중 후손이 없는 것이 가장 큰 불효인데 섹스를 못하면 아들을 어떻게 얻겠는가? 그래서 공자는 부득이하게 화를 참으며 재여에게 물었다.

"부모님이 돌아가신 지 3년도 되지 않는데 좋은 밥에 비단옷을 입으면 너는 마음이 편하겠느냐?"

재여는 주저 않고 말했다.

"편할 겁니다!"

공자는 할 말이 없어 씩씩대다가 다시 이렇게 말했다.

"네가 편하다면 그렇게 해라! 군자는 상을 치를 때 밥을 못 넘기고

잠을 못 이루며 음악이 귀에 안 들어오기 때문에 베옷을 입고 거친

밥을 먹으며 초막집에 머무는 것이다. 그런데 너는 마음이 편할 것이라니 그렇다면 네가 하고 싶은 대로 해도 좋다!"

재여는 아무 소리도 않고 밖으로 나갔다.

공자는 좀처럼 마음이 가라앉지 않았다. 그가 보기에 재여는 정말 사랑하는 마음이 부족했다. 그는 다른 제자들에게 말했다.

"상의 기한을 왜 3년으로 정했겠느냐? 자식은 태어나서 3년이 지나야 부모 품에서 벗어나기 때문이다. 부모가 자식을 3년 간 안고 지냈으니 자식도 부모를 위해 삼년상을 지켜야 하지 않겠느냐? 이렇게 지당한 일을 재여는 어째서 납득하지 못할까?"[11]

그런데 흐지부지하게 끝난 이 논쟁은 우리에게 지혜의 문을 열어주는 한편, 예악제도의 인성人性과 관련된 근거를 알려준다.

어떤 근거일까?

사랑은 보답을 얻어야 한다는 것이다.

이 점에 관해서는 세상 모든 사람이 생각을 같이한다. 그래서 사랑과 사랑의 보답은 도덕으로 설정되는데 그것이 바로 인이다. 아울러 그것이 제도로 세워진 것이 바로 예다. 예는 인의 제도적인 보장이다. 사랑이든 인이든 효든 모두 보이지 않는 내적인 것이기 때문이다. 겉으로 표현되지 않으면 확인할 길이 없고 행동으로 옮겨지지 않으면 키우고 권장할 수 없다. 그러니 예는 결코 있어도 되고 없어도 되는 것이 아니다.

024

---

11 「논어」 「양화陽貨」 참고.

하지만 더 중요한 것은 인이다.

인은 예악의 근본이다. 공자는 언젠가 이렇게 반문한 적이 있다.

"예가 설마 제물과 옥, 비단이란 말인가? 악이 설마 악기와 무희란 말인가?"[12]

당연히 아니다. 그러면 도대체 무엇이란 말인가? 바로 사랑이다. 그래서 공자는 어떤 사람에게 사랑의 마음이 없으면 예악을 중요하게 생각할 리가 없다고 생각했다. 이런 생각을 그는 또 반문의 어투로 이야기했다.

"사람이면서 인하지 못하면 예가 다 무엇이고, 사람이면서 인하지 못하면 악이 다 무엇이겠는가人而不仁, 如禮何? 人而不仁, 如樂何?"[13]

그러면 사랑의 마음은 어디에서 나오는가?

천성이다.

천성에서 나온 사랑을 천량天良이라 한다. 천량이 없으면 사람이 아니며 "사람이면서 인하지 못하다"고 간주된다. 그래서 공자는 재여가 왜 삼년상을 반대하는지 이상하게 여긴 것이다. 나중에 그는 이런 의심까지 했다.

"재여가 설마 부모에게서 3년간의 사랑을 못 받은 걸까? 당연히 받지 않았을까? 혹시 정말로 못 받은 걸까?"[14]

결론적으로 예악의 붕괴는 예악제도가 안 좋아서가 아니라 사람들의 마음에 문제가 생겨 일어난 결과다. 그러나 인성이 변하지 않고 천

---

12 『논어』「양화」 참고.
13 『논어』「팔일」 참고.
14 『논어』「양화」 참고.

량이 건재하기만 하면 이 세상은 구원이 가능하다. 다만 세상을 구원하려면 먼저 세상 사람들의 마음을 구원해야 한다.

인애仁愛가 바로 세상을 구원할 특효약이다.

그런데 문제는 이 약을 찾을 수 있느냐는 것이다.

공자는 찾을 수 있다고 생각했다. 왜냐하면 그것의 원재료는 모두의 마음속에 있기 때문이다. 그것은 곧 부모와 자녀와 친척에 대한 사랑이다. 이 사랑은 고유하고 선천적이며 논쟁이나 증명이 필요 없다.

논리에 합당한가?

합당하다.

문제가 있는가?

없다.

모두가 찬성했을까?

아니었다.

묵가, 도가, 법가가 다 반대했다.

묵자:
인애보다 겸애가 옳다

처음으로 공자에게 반기를 든 인물은 묵자다.

묵자는 묵가 학파의 창시자다. 그는 공자와 마찬가지로 이 세상에 문제가 생긴 이유는 사랑이 없기 때문이라고 생각했다. 그래서 이 세상은 구원이 필요하며 세상을 구원하는 처방은 사랑이라 판단하고 세상의 구원을 자신의 소임으로 삼았다는 점에서 그는 공자와 일치한다. 이것은 묵가가 도가, 법가와 다른 점이기도 하다.

그러나 묵자는 인애에도 반대하고 예악에도 반대했다.

묵자와 묵가 학파가 보기에 유가는 사기꾼에 불과했으며 예악은 위선적이고 무의미했다. 예를 들어 예에서는 고기를 썬 방식이 규범에 안 맞으면 먹지 말고 자리가 놓인 방향이 틀리면 앉지 말라고 규정한다. 이런 얼토당토않은 것들이 공자가 애써 펴고자 한 주장이라는 것이다.[15]

---

15 『논어』「향당鄕黨」 참고.

그러면 그렇게 번거롭고 불필요한 예절을 유가 스스로는 실천할 수 있었을까?

그럴 수 없었다.

묵자의 얘기에 따르면 공자가 천하를 주유할 때 진陳나라와 채蔡나라 사이에 발이 묶였는데 자로가 새끼 돼지 한 마리를 삶아서 바치자 그 내력도 묻지 않고 먹었다고 한다. 또한 자로가 다른 사람의 옷을 벗겨 바꿔온 술도 아무 물음 없이 마셨다고 한다. 그런데 노나라에 돌아가서는 다시 고기를 썬 방식과 자리의 방향을 따지는 군자로 되돌아갔다. 이에 자로가 왜 전과 후가 전혀 다른 사람 같으냐고 묻자 공자는 이렇게 답했다.

"그때는 삶을 추구했고 지금은 의를 추구한다!"

배가 고플 때는 전혀 체면을 안 돌보고 배가 부르면 잔뜩 거드름을 피우는 것만큼 간사하고 위선적인 행태가 또 있을까?[16]

당연히 없다.

다만 문제는 위의 이야기가 믿을 만하냐는 것이다.

믿기 어렵다. 대부분 묵자의 제자가 지어내 유가를 조소하는 데 사용한 것이다. 그러나 묵자의 사상을 알려주는 자료로는 손색이 없다.[17]

실제로 묵자는 유가를 비판하는 데 전력을 기울였다. 『묵자』 안의 「비악非樂」 「비명非命」 「비유非儒」는 묵자의 '3대 비판'이라고 부를 만하며 각기 예악, 천명天命, 유학에 대한 비판이다. 그러나 묵자가 가장 반대

---

16 「묵자」 「비유」 참고. 그런데 「비유」는 묵자 본인의 작품이 아니라는 것이 학계의 보편적인 인식이다.
17 쑨수핑孫叔平의 『중국 철학가 논점 회편滙編』 「선진」 참고.

한 것은 역시 인애였다.

이상한 일이다. 묵자도 사랑으로 세상을 구원하자고 주장했다. 그런데도 인애에 반대했다면 과연 무엇을 내세웠을까?

겸애兼愛였다.

그러면 인애와 겸애는 어떤 면에서 다를까?

인애의 출발점은 육친의 정, 즉 부모 자식 간의 생래적이고 자명한 사랑이다. 그 다음에 이를 자신에게서 타인에게로 확장한다. 구체적으로 말하면 부모 자식 간의 사랑을 마을 사람에게, 중원의 민족에게, 그리고 이민족에게 차례로 확대하다가 마지막에는 온 세계를 사랑으로 채우게 된다.

확실히 여기에는 순서와 등급이 있다.

겸애는 정반대로 남녀노소, 존비와 귀천, 멀고 가까움을 구분하지 않고 누구나 차별 없이 사랑하는 것이다. 어쩌면 서양의 박애와 비슷하다. 그러나 서양에서 박애를 중시하는 것은 하느님과 종교의 존재 때문이다. 묵자의 겸애는 그 내력이 불분명하다. 그러나 어쨌든 인애에는 차별이 있고 겸애에는 차별이 없다.

그러면 겸애와 인애 중 어느 것이 옳을까?

이 문제는 증명이 필요하다.

묵가는 임의로 무마자巫馬子라는 이름의 유생을 설정하여 이런 선언

을 하게 한다.

"이웃 나라에 대한 사랑이 먼 나라에 대한 사랑을 능가하고, 내 나라에 대한 사랑이 이웃 나라에 대한 사랑을 능가하고, 고향 사람에 대한 사랑이 국민에 대한 사랑을 능가하고, 집안사람에 대한 사랑이 고향 사람에 대한 사랑을 능가하고, 부모에 대한 사랑이 집안사람에 대한 사랑을 능가한다."

이 말은 굳이 누가 명시하지 않아도 인애의 원칙에 부합한다.

그러면 이어지는 논리적 결과는 무엇일까?

자신에 대한 사랑이 부모에 대한 사랑을 능가한다.

물론 이것이 진짜 유가의 주장일 리는 없다. 하지만 이 논리적 추리는 성립 가능하다. 유가 자신들조차 "부모에 대한 사랑이 집안사람에 대한 사랑을 능가"하는데 왜 "자신에 대한 사랑이 부모에 대한 사랑을 능가"할 수 없는지는 영원히 설명하지 못할 것이다. 이것은 인애 학설의 급소나 다름없다.

더 심한 것은 묵가가 "자신에 대한 사랑이 부모에 대한 사랑을 능가한다"는 것을 기초로 무마자를 위해 내려준 결론이다.

"나는 남을 희생해 나를 이롭게 할 수 있을 뿐, 나를 희생해 남을 이롭게 하지는 못하오."

무마자의 이 말을 듣고 묵자는 물었다.

"선생의 그 생각을 마음속에 숨겨둘 겁니까, 아니면 사람들에게 널리 알릴 겁니까?"

무마자는 큰소리를 쳤다.

"왜 내가 숨기겠소? 당연히 사람들에게 널리 알릴 거요."

묵자는 말했다.

"알겠습니다. 이제 당신은 죽은 목숨입니다."

이어지는 묵자의 논리적 추리는 다음과 같았다.

"당신의 생각을 공개적으로 알리면 사람들의 태도는 찬반으로 나뉘질 겁니다. 찬성하는 사람은 당신의 생각에 따라 당신을 죽이고 자신을 이롭게 할 겁니다. 당신도 그에게는 남이기 때문이지요. 그래서 한 사람이 당신 생각에 찬성하면 한 사람이 당신을 죽일 겁니다. 열 사람이 찬성하면 열 사람이 당신을 죽일 테고요. 온 천하가 찬성하면 온 천하가 다 당신을 죽일 겁니다.

반대하는 사람은 또 어떨까요? 그들은 당신이 요사스러운 말로 사람들을 현혹시킨다고 생각해 당신을 죽일 겁니다. 그래서 한 사람이 당신 생각에 반대하면 한 사람이 당신을 죽일 겁니다. 열 사람이 반대하면 열 사람이 당신을 죽일 테고요. 온 천하가 반대하면 온 천하가 다 당신을 죽일 겁니다.

이처럼 찬성하는 사람도 당신을 죽이려 하고 반대하는 사람도 당신을 죽이려 하면 당신은 딱 죽은 목숨이 아닙니까?"

무마자는 뭐라고 할 말이 없었다.[18]

이것은 물론 묵자의 제자가 지어낸 이야기다. 그러나 제자의 솜씨

18 『묵자』 「경주耕柱」 참고.

가 뛰어나서 스승의 논리가 더욱 강화되었다. 실제로 변설에 막힘이 없던 맹자조차 나중에 묵가의 한 신봉자와 논쟁할 때 이런 궁색한 질문을 하는 데 그쳤다.

"선생은 정말로 사람들이 형의 자식을 사랑하는 것처럼 이웃의 자식을 사랑할 수 있다고 믿습니까?"[19]

그러나 맹자의 이 궁색한 질문은 강력한 힘을 가졌다. 사실 유가와 묵가의 가장 큰 차이는 인애가 근원이 있는 웅덩이인 반면에 겸애는 뿌리 없는 나무인 데에 있었다. 묵자는 우리가 무엇을 근거로 차별 없이 모든 사람을 사랑해야 하는지 끝내 확실하게 설명하지 못했다. 그렇다. 도대체 무엇을 근거로 그래야 하는가?

반면에 유가의 인애는 문제가 상당히 많기는 하지만 인간의 천성이 근거이며 인간의 보편적 감정을 기초로 삼았다. 이런 면에서 묵가가 몰락하고 유가가 최후의 승리를 거둔 것은 어쩌면 당연한 일이었다.[20]

그러나 세상의 구원에 관한 논쟁에서 중요한 것은 어떻게 구원하느냐가 아니라 구원하느냐 마느냐, 그 여부였다. 사실 구원을 주장하지 않은 사람도 있었다. 그는 근본적으로 이 세상을 구원할 수 없고 구원해서도 안 된다고 보았다. 그리고 정말 구원하려고 하더라도 유용한 방법은 인애나 겸애가 아니라 '불애不愛', 즉 사랑하지 않는 것이라고 생각했다.

그 사람은 바로 장자였다.

19 『맹자』 「등문공滕文公 상」 참고.
20 바로 이 점 때문에 예악제도는 제국시대 이후에도 폐지되지 않았으며 유학도 주류 이데올로기가 되었다.

장자:
구원하지 말아야 구원이 있다

장자와 장자 학파는 묵가와 마찬가지로 예악을 허위라고 보았다. 나아가 그들도 이야기를 지어 유가를 비웃었다.

예를 하나 들어보자. 어느 날 저녁, 유가의 두 선비가 무덤을 도굴하러 나섰다. 둘 중에서 큰 선비는 밖에서 망을 보고 작은 선비는 무덤 안에서 작업을 벌였다. 큰 선비가 물었다.

"날이 밝는데 일은 어찌 돼가나東方作矣, 事之何若?"

작은 선비가 답했다.

"수의를 다 못 벗겼는데 입에 구슬이 있네요未解裙襦, 口中有珠."

두 사람은 시의 형식으로 위의 대화를 진행하였다.

곧이어 작은 선비는 시신의 입에서 구슬을 끄집어내며 『시경詩經』의 시구를 흥얼거렸다.

033   "파릇파릇 보리가 무덤가에 돋았네. 살아서 베풀지 못했는데 죽어

서 어찌 구슬을 머금으리靑靑之麥, 生於陵陂. 生不布施, 死何含珠爲."**21**

남의 물건을 훔치면서도 시를 짓고 읊으며 도리를 논하니 이것이 허위가 아니면 무엇이겠는가?

사실 장자가 보기에 유가와 유가의 윤리는 영락없는 사기이며 세간의 이른바 지혜는 모두 도적을 위해 준비된 것이었다. 예를 들어 절도를 막으려고 사람들은 궤짝, 상자, 포대를 꽉 매고 잠근다. 그러나 큰 도적이 오면 문을 부수고 들어와 궤짝을 짊어지고, 상자를 메고, 포대를 들고서 도망친다. 그는 오히려 사람들이 꽉 매고 잠그지 않았을까 두려워한다.

지혜는 이와 같으며 도덕도 마찬가지다. 유명한 대도 도척盜跖은 다음과 같이 말했다.

"방 안에 감춰둔 것을 정확히 알아맞히는 것이 성聖이고 남보다 먼저 들어가 훔치는 것이 용勇이며 마지막으로 빠져나오는 것은 의義다. 또한 별 탈 없이 훔칠 수 있는지 아는 것이 지智이고 훔친 물건을 골고루 나눠 갖는 것이 인仁이다. 이 다섯 가지를 다 못 갖추고도 큰 도적이 된 자는 천하에 없었다."

확실히 유가의 윤리와 묵가의 도덕은 착한 사람에게나 도적에게나 다 유용하며 오히려 도적이 더 잘 써먹을 수 있다. "성인이 생기면 큰 도적이 일어난다聖人生而大盜起"는 말에서 알 수 있듯이 도적은 성인에 의해 키워진다.

034

---

21 「장자」「외물外物」 참고.

그래서 장자는 마침내 결론을 내린다.

"성인이 죽지 않으면 큰 도적이 끊임없이 생길 것이다聖人不死, 大盜不止."[22]

그야말로 유가와 묵가를 한방에 묵사발로 만드는 발언이다. 하지만 장자의 의도를 다 파악하려면 조금 더 깊숙이 근원을 파고들어야 한다. 그는 공자와 묵가가 이리저리 뛰어다니며 구세주를 사칭한 것은 세상의 도와 사람들의 마음이 크게 어지러워졌기 때문이라고 말했다. 그렇다면 세상을 구원하기 위해서는 왜 사람들의 마음이 나쁘게 변했는지 규명해야 한다.

그러면 누가 사람들의 마음이 나빠지게 한 걸까?

하우夏禹(하나라의 시조인 우왕)다. 하우의 시대에 사람들은 저마다 계략을 쓰고 남에게 해를 끼치면서도 자신들이 하늘을 대신해 도를 행하여 나쁜 자를 제거하고 착한 백성을 평안하게 한다고 생각했다. 그런데 하우가 "백성들의 마음을 변하게 만든 것使民心變"은 순舜이 "백성들의 마음을 서로 다투게 만들었기使民心競" 때문이고, 또한 순이 "백성들의 마음을 서로 다투게 만든 것"은 요堯가 "백성들의 마음을 서로 친하게 만들었기使民心親" 때문이다. '친親'이란 곧 육친에 대한 사랑을 말한다. 이것은 곧 유가 윤리의 인성적 기초인데 장자는 이를 화의 근원으로 보았다.

육친을 사랑하는 것이 뭐가 잘못됐다는 것일까?

035

장자의 논리는 이렇다. 친함이 있으면 소원함이 있고 사랑이 있으면 미움이 있다는 것이다. 그래서 요 시대에 상호 구별이 생김으로써 순 시대에 상호 경쟁이 생겼고 우 시대에는 상호 투쟁이 생겼다는 것이다. 그리하여 "천하가 크게 소란스러워져 유가와 묵가가 다 일어났다天下大駭, 儒墨皆起."

그러면 사태의 원흉은 요인가?

아니다. 삼황오제三皇五帝다. 어쨌든 요와 순과 우는 모두 천하를 다스리려 했다. 그런데 가장 먼저 천하를 다스린 이들은 삼황오제다. 비록 황제黃帝가 천하를 다스리면서 백성들의 마음을 하나로 만들기는 했지만 다스림이 있으면 반드시 어지러움이 있으므로 다스림은 어지러움의 근원이다. 삼황오제의 다스림이 있어서 필연적으로 요, 순, 우와 하나라, 상나라, 주나라의 어지러움이 생긴 것이다. 그리하여 "명목상으로는 다스렸다고 하지만 어지러움이 그보다 더 심한 적이 없었다名曰治之, 而亂莫甚焉.[23]

요·순·우부터 하·상·주까지는 독선과 자기기만과 퇴보의 혼란스러운 역사였다. 그렇게 오랫동안 혼란스러웠는데 어디에 구원이 있단 말인가?

이로써 얻어진 결론은 덕이 없어야 덕이 있고, 사랑하지 않아야 사랑이 있고, 다스리려 할수록 다스려지지 않고, 구원하려 할수록 구해지지 않는다는 것이었다. 그렇다면 정말로 이 세상이 나아지길 바라 **036**

는 사람은 괜히 고생할 필요가 없다.

그렇다. 구원하지 말아야 구원이 있다!

사실 장자가 보기에 좋은 세상은 구원도, 사랑도 필요 없는 세상이다. 그것은 물고기에 비유될 수 있다. 물고기가 큰 강이나 바다에서 살아가며 서로 도움을 주고받을까? 그렇지 않다. 오직 샘이 말라 드러난 땅 위에서만 물고기들은 나란히 누워 숨과 거품으로 서로를 적셔준다. 이것이 어찌 "강과 호수에서 서로를 잊고 지내는 것相忘於江湖"보다 낫겠는가?[24]

서로가 서로에게 관여할 필요가 없는 세상이 곧 '태평천하'다.

그런데 그것이 가능할까?

가능하지만 보장이 없다. 그 샘이 안 마른다고 누구도 자신할 수 없기 때문이다. 인재가 없더라도 천재가 있을 수 있지 않은가.

하지만 그렇더라도 장자는 우리가 천하의 흥망을 책임져야 한다고도 생각지 않았다. 그는 오히려 먼저 자신을 구하고, 그 다음에 남을 구하고, 마지막으로 천하를 구하라고 주장했다.[25] 이 말을 그는 비록 공자의 입을 빌려 이야기했지만 실제로는 그 자신의 관점이었다.

장자의 이런 주장들이 옳을까?

옳다. 사실 어떤 사람이 자신조차 구하지 못한다면 어떻게 남을 구하고 천하를 구하겠는가? 반대로 집집마다 문 앞에 내린 눈이 깨끗이 치워져 있다면 남의 집 기와에 내린 서리를 신경 쓸 필요가 없다.

---

24 『장자』「대종사大宗師」「천운」 참고.
25 『장자』「인간세人間世」 참고.

확실히 먼저 자신을 존중해야만 남을 존중할 수 있으며 먼저 자신을 사랑해야만 사회를 사랑할 수 있다. 믿지 못하겠으면 사나운 조직 폭력배를 상상해보라. 스스로 죽는 것을 대수롭지 않게 여기거니와 다른 사람의 생명도 안중에 없다.

그래서 장자는 어떤 사람이 세상보다 자신을 중시하고 세상보다 자신을 사랑한다면 그 사람에게 천하를 맡길 수 있다고 말했다. 우리는 심지어 이 말에 "오직 그런 사람에게만 천하를 맡길 수 있다"는 말을 덧붙일 수 있다.

이것은 양주楊朱와 노자의 관점이기도 하다.[26]

양주, 노자, 장자는 도가의 '삼총사'였다. 그 중에서 양주는 도가 학파의 효시였으며 노자는 그 뒤를 이어 학파를 발전시켰다. 그의 풍부한 사상은 다른 사상들과 합쳐져 두 갈래로 나뉘었다. 한 갈래는 양주의 방향을 따라 흘러 협의의 도가 학파를 형성했고 그 대표자는 장자였다. 나머지 한 갈래는 정반대 방향으로 흘러 협의의 법가 학파를 형성했으며 그 대표자는 한비였다.[27]

그러면 앞선 문제에 관해 한비는 어떤 생각을 갖고 있었을까?

---

26 양주의 관점은 "사람마다 터럭 하나 손해 보려 하지 않고 사람마다 천하를 이롭게 하려고 하지 않으면 천하가 잘 다스려질 것이다人人不損一毫, 人人不利天下, 天下治矣"(『열자列子』 「양주」)였고 노자의 관점은 "자신을 천하만큼 귀하게 여기는 사람에게는 천하를 맡길 만하며 자신을 천하만큼 사랑하는 사람에게는 천하를 부탁할 만하다貴以身爲天下, 若可寄天下, 愛以身爲天下, 若可托天下" (『노자』 제13장)였다. 그리고 장자의 관점은 "자신을 천하를 위하는 일보다 귀하게 여기는 사람에게 천하를 부탁할 수 있고 자신을 천하를 위하는 일보다 사랑하는 사람에게 천하를 맡길 수 있다貴

한비:
치국은 서민의 검으로

장자, 묵자와 마찬가지로 한비도 인애와 예악에 반대했다. 다만 장자는 이야기를 중시하고 묵자는 논리를 중시했는데 한비는 이야기와 논리를 다 중시했다.

한비가 남긴 이야기 중에서 가장 유명한 것은 '모순矛盾'이다.

이 이야기에 등장하는 초나라인은 창과 방패를 팔았다. 그는 먼저 자신의 방패가 어떤 창도 다 막을 수 있다고 말한 뒤, 또 자신의 창이 어떤 방패도 다 뚫을 수 있다고 말했다. 그러자 어떤 사람이 물었다.

"당신의 창으로 당신의 방패를 찌르면 어떻게 됩니까?"

그는 눈이 휘둥그레졌다.[28]

이것이 '모순'이라는 단어의 유래다.

한비는 모순론자였다.

039　그런데 이것이 인애, 예악과 무슨 관계가 있을까?

以身於爲天下, 則可以托天下; 愛以身於爲天下, 則可以寄天下"(『장자』 「재유在宥」)였다. 노자와 장자에 대한 이해는 가오밍高明의 『백서帛書 노자교주老子校注』 참고.

27　리링李零의 『사람은 낮은 곳으로 간다人往低處走』 참고.

28　『한비자』 「난일難一」 참고.

두 가지 이야기가 더 있다. 하나는 '진백가녀秦伯嫁女'이고 또 하나는 '매독환주買櫝還珠'다. 첫 번째 이야기에서 진秦나라 군주는 딸을 시집 보내면서 화려하게 차려입은 시녀 70명을 딸려 보냈다. 그 결과, 사위 인 진晉나라 공자는 시녀만 좋아하고 공주는 좋아하지 않았다. 두 번째 이야기에서는 초나라 상인이 진주를 팔기 위해 향목香木으로 상자를 만들면서 "계초를 넣어 향기가 나게 하고, 테두리에 주옥을 박고, 붉은 구슬로 장식하고, 비취 깃을 달았다薰以桂椒, 綴以珠玉, 飾以玫瑰, 輯以羽翠." 그런데 어느 정나라인이 그 상자를 사고 진주는 되돌려주었다.[29]

결론은 간단하다. 내용과 형식은 모순이라는 것이다.

인애와 예악이 바로 이런 관계다. 인은 예의 근본이므로 인애는 내용이고 예악은 형식이다. 한 사람이 창도 팔고 방패도 팔 수는 없다. 그러므로 인애도 취하고 예악도 취하는 것 역시 불가능하다.

그러면 인애와 예악 중에 어느 것이 훌륭할까?

둘 다 훌륭하지 않다.

한비는 말하길, "화씨의 옥은 채색으로 장식하지 않고 수후의 진주는 금은으로 장식하지 않는다和氏之璧不飾以五彩, 隋侯之珠不飾以銀黃"라고 했다. 왜 그럴까? 그럴 필요가 없기 때문이다! 이것을 일컬어 "그 실질이 지극히 아름다우면 장식할 필요가 없다其質至美, 物不足以飾之"고 말한다. 이와 반대로 장식할 필요가 있는 것은 그 본질에 문제가 있음이 분명하다. 사람이 용모가 추하면 화장을 하고 물고기가 신선하지

29 「한비자」 「외저설外儲說 좌상」 참고.

못하면 조미료를 뿌린다. 이것을 일컬어 "물건이 장식을 한 후에 돋보인다면 그 실질이 아름답지 못한 것이다 物之待飾而後行者, 其質不美也"라고 말한다.[30]

역시 결론은 간단하다. 인애가 훌륭하다면 예악이 필요할 리 없다. 그래서 인애는 훌륭하지 않다.

인애가 훌륭하지 않으므로 예악은 훨씬 더 안 좋다. 예악은 인애의 추한 점을 가려주는 것이기 때문이다. 그렇게 거짓되고 사람을 속이는 것이 어떻게 훌륭한 것일 수 있겠는가? 하물며 예악으로 장식을 하면 할수록 인애에 문제가 있음이 더 증명되지 않는가? 바꿔 말해 예악이 아름다울수록 인애는 더 추악해진다.

가짜 아름다움이 진짜 추악함을 덮어 속이는 것, 이것이 한비의 눈에 비친 예악과 인애였다. 그래서 한비는 그렇게 내용과 형식의 모순론을 이용하여 논리적으로 인애와 예악을 동시에 부정했다.

애석하게도 이 논리적 전제는 한비의 것이지 공자의 것은 아니었다. 공자는 내용과 형식의 통일론자였다. 그는 내용이 없으면 형식이 불필요하고 형식이 없으면 내용이 표현되지 않는다고 보았다. 자공도 다음과 같이 말했다.

"내용은 가죽에 비유되고 형식은 털에 비유되는데 둘 중 어느 하나도 빠져서는 안 됩니다. 만약 털을 제거한다면 범과 표범의 가죽과 개와 양의 가죽을 어떻게 구별하겠습니까?"[31]

---

30 『한비자』 「해로解老」 참고.
31 『논어』 「안연」 참고.

유가와 법가는 그야말로 상호 불통이었다.

그러나 묵자가 다시 태어난다면 한비의 의견에 찬성할 것이다. 사실 묵가와 법가는 근본적으로 대립되면서도 서로 통하는 면이 있었다. 그들은 다 공리주의자이자 실용주의자였기 때문이다. 다만 묵자는 '천하의 이익'을 중시한 반면 한비는 '군국軍國의 이익'을 중시했고, 또 묵자는 '서민의 쓰임'을 중시한 반면 한비는 '군왕의 쓰임'을 중시했다. 하지만 공리와 실용을 중시할 것을 주장한 점에서는 일치한다.[32]

그러면 묵자는 왜 겸애를 주장했을까?

겸애가 유용하다고 생각했기 때문이다. 묵자는 "차별 없이 서로 사랑하고 서로 이익을 주고받기兼相愛, 交相利"만 하면 제후들 사이에 전쟁이 없고 대부들 사이에 약탈이 없으며 서민들 사이에도 상해가 없어 천하가 태평해질 것이라고 말했다.[33]

그래서 겸애는 반드시 필요하며 예악은 쓸모가 없다고 주장했다.

한편, 한비는 겸애, 인애, 예악이 전부 쓸모가 없다고 생각했다. 그는 유가나 묵가나 모두 선왕들이 백성을 자식처럼 사랑했다는 사상을 고취한다고 말했다. 하지만 현실은 어떠한가? 백성들은 여전히 죄를 짓고 군왕들도 여전히 살인을 일삼는다. 참으로 이상한 일이 아닌가? 부모 같은 사랑을 받았다는 그들이 왜 계속 죄를 짓는 걸까? 따라서 사랑은 쓸모가 없다. 사랑하든 사랑하지 않든 죄를 짓는 사람은 계속 생기는데 왜 사랑을 한단 말인가?

042

---

32 예를 들어 어떤 사람은 『묵자』가 글에 화려함이 없다고 비판했지만 한비는 다른 사람의 입을 빌려 묵자의 언어가 질박한 까닭이 군주가 "그 표현에 혹해 쓰임새를 잊고覽其文而忘有用" 또 "그 표현에 주의해 실질을 잊을까懷其文而忘其直" 경계했기 때문이라고 변호했다. 『한비자』 「외저설 좌상」 참고.

33 『묵자』 「겸애兼愛 중」 참고.

사랑은 쓸모가 없을 뿐만 아니라 나라를 그르친다.

한비는 아래와 같이 이야기했다.

"초나라의 한 양민이 아버지가 양을 훔친 사실을 관아에 신고했다가 사형을 당했다. 죄명은 '불효'였다. 반대로 노나라의 한 효자는 집에 늙은 애비가 있다는 이유로 전쟁터에서 늘 몸을 사렸다. 공자는 이런 그를 관리로 추천했는데 그 사유는 '효'였다. 초나라의 그 양민은 나라에 충성했지만 아버지를 배신했다. 그리고 노나라의 그 효자는 아버지에게 효성스러웠지만 나라를 배신했다. 이것은 무엇을 뜻하는가? 나라의 충신이 부친에게는 불효자이고 부친의 효자가 나라에는 역적임을 뜻한다. 인애와 효제孝悌(부모에 대한 효도와 윗사람에 대한 공경)는 쓸 만한 것이 못 된다!"

하물며 인애가 꼭 효자를 낳는 것도 아니다. 한비는 또 말했다.

"어느 방탕한 소년이 있었다. 부모와 스승과 이웃이 그를 사랑하기도 하고 가르치기도 했지만 전혀 소용이 없었다. 그런데 관아에 붙잡혀간 다음부터 그는 비로소 온순해졌다. 왜 그랬을까? 두려움 때문이었다. 사람을 두렵게 하는 것이 겸애와 인애보다 더 효과적이다."[34]

이 점을 증명할 만한 이야기가 하나 더 있다.

오자서伍子胥가 초나라를 탈출하다가 관문을 지키는 관리에게 붙잡혔다. 오자서는 그에게 말했다.

"대왕이 나를 수배한 것은 내가 가진 귀중한 진주를 원하기 때문인

---

34 『한비자』「오두五蠹」참고.

데 나는 그것을 잃어버렸다. 만약 네가 나를 송환하여 대왕이 진주를 어떻게 했냐고 물어보면 네가 몰래 빼돌렸다고 말할 것이다!"

결국 그 관리는 오자서를 놓아주었다.

이로써 진정으로 쓸모 있는 것은 무슨 사랑이 아니라 위협과 회유, 가혹한 형벌과 법률임을 알 수 있다. 이것이 바로 한비의 검이었다.

의심할 여지없이 그 검은 서민의 검이다.

한비가 서민의 검을 든 것은 전혀 이상하지 않다. 왜냐하면 한비는 전국 시대 말기에 살았기 때문이다. 그때 역사는 이미 귀족과 군자의 시대에서 평민과 소인의 시대로 바뀐 상태였다. 이상주의가 잦아들고 공리주의와 실용주의가 대두되었다. 상앙商鞅에서 한비를 거쳐 결국 법가가 우위를 점하고 새로운 시대의 대변인이 된 것은 그런 시대정신의 소산이었다.

하지만 이상주의는 언제나 필수 불가결했다. 사실상 꼭 실현될 보장이 없었던 그 이상들이 역설적으로 중국 문명이 아시리아 문명과 로마 문명처럼 제국의 붕괴와 함께 쇠망하는 일이 없도록 보장했다. 더 흥미로운 것은 공자와 맹자가 대표하는 유가, 묵자가 대표하는 묵가, 양주와 노자와 장자가 대표하는 도가의 사회적 이상이 각기 달랐다는 것이다. 한비가 대표하는 법가의 주장을 포함해 그 다양한 이상들은 중국 민족의 집단적 지혜를 응축했고 중국 문명의 공통된 가치를 구현했다. 그것은 지극히 소중한 사상, 문화적 유산으로서 탐구해 **044**

볼 만한 가치가 충분하다.

그러면 어떤 사회가 훌륭한 사회일까?

몇 차례 공방전이 벌어진 뒤, 공수반은 써먹을 기술이
다 떨어졌지만 묵자는 아직 여유가 있었다.
공수반이 말했다.
"아직 선생을 상대할 방법이 남아 있지만 말하지 않겠습니다."
묵자기 대꾸했다.
"어떻게 저를 상대하려는지 알고 있지만 저도 말하지 않겠습니다."

정의를 위하여,
공평을 위하여

열흘 밤낮의 여정 끝에 묵자는 영郢에 도착했다.[1]

영은 지금의 후베이 성 징저우荊州에 있었으며 초나라의 도읍이었다. 묵자가 먼 길을 마다 않고 그곳으로 달려간 것은 송나라를 구하기 위해서였다. 당시 노나라의 유명한 장인 공수반公輸盤(혹은 공수반公輸般, 공수반公輸班, 노반魯班이라고도 불림)은 초나라를 위해 성을 공격하는 기계인 운제雲梯를 만들어주었고 초나라는 이것을 이용해 송나라를 칠 계획이었다. 이 소식을 듣고 묵자는 곧장 공수반을 만나러 온 것이었다.

공수반이 묵자에게 물었다.

"제게 무슨 가르침을 주러 오셨습니까?"

"북쪽에 저를 모욕한 자가 있어 선생의 도움을 받아 그 자를 죽이고자 합니다."

---

1 묵자가 송나라를 구한 이야기는 「묵자」「공수」참고.

공수반은 언짢아했다. 묵자는 또 말했다.

"황금 200냥을 드리겠습니다."[2]

공수반은 더 언짢아했다. 그는 불쾌한 표정을 지으며 엄숙한 어조로 말했다.

"저는 정의를 지키므로 함부로 살인한 적이 없습니다."

이에 묵자는 말했다.

"선생이 그렇게 말씀하시니 이야기하기가 편하겠군요. 선생이 운제를 발명하여 초나라의 송나라 공격을 도우신다고 들었습니다. 그런데 송나라가 무슨 죄가 있습니까? 초나라는 땅은 남아돌지만 백성은 적습니다. 적은 백성을 희생시켜 남아도는 땅을 더 취하려는 것은 지혜롭다고 할 수 없으며 죄 없는 나라를 공격하는 것은 인자하다고 할 수 없습니다. 이런 이치를 알면서도 간하지 않는 것은 충성스럽다고 할 수 없으며 간하고서도 목적을 이루지 못하면 강하다고 할 수 없습니다. 그리고 적은 사람은 죽이지 않으면서 많은 사람을 죽이는 것은 사리에 밝다고 할 수 없습니다."

공수반은 할 말을 잃었다. 그래서 묵자는 공수반에게 초왕을 만나게 해달라고 부탁했다.

묵자는 초왕을 만나 이렇게 말했다.

"지금 어떤 사람이 자기 집에 호화로운 수레가 있는데도 이웃의 낡은 수레를 훔치려 하고 자기 집에 비단옷이 있는데도 이웃의 해진 옷

049

---

2 이 말의 원문은 '청헌십금請獻十金'이다. 옛날에 20냥은 1일鎰, 1일은 1금金이었으므로 10금은 200냥이다.

을 훔치려 하며 자기 집에 산해진미가 있는데도 이웃의 초라한 음식을 훔치려 합니다. 여쭙건대 이 사람은 어떤 사람입니까?"

초왕은 말했다.

"도벽이 있는 자로군."

묵자는 또 말했다.

"지금 초나라는 없는 것이 없고 송나라는 작고 가난합니다. 그런데도 초나라는 송나라에 쳐들어가려고 하니 저 도벽이 있는 자와 다를 게 뭐가 있습니까?"

초왕도 할 말을 잃었다.

그러나 초왕과 공수반은 포기하려 하지 않았다. 그래서 묵자는 허리띠를 끌러 성의 해자로 삼고 나무토막을 기계로 삼아 공수반과 전술을 겨루었다. 공수반은 성을 공격하고 묵자는 성을 수비했다. 몇 차례 공방전이 벌어진 뒤, 공수반은 써먹을 기술이 다 떨어졌지만 묵자는 아직 여유가 있었다.

공수반이 말했다.

"아직 선생을 상대할 방법이 남아 있지만 말하지 않겠습니다."

묵자가 대꾸했다.

"어떻게 저를 상대하려는지 알고 있지만 저도 말하지 않겠습니다."

궁금해진 초왕이 무슨 뜻인지 말해달라고 했다. 묵자는 말했다.

"공수 선생의 방법이란 소신을 죽이는 것이지요. 그러면 송나라를 쳐부술 수 있다고 생각하는 겁니다. 하지만 안타깝게도 금활리禽滑釐를 비롯한 소신의 제자 300명이 이미 소신의 전술과 기계로 송나라 성을 지키면서 초나라군이 목숨을 바치러 오기만을 기다리고 있습니다."

이 말을 듣고 초왕은 송나라 공격을 포기할 수밖에 없었다.

송나라를 구하는 데 성공한 묵자는 짚신을 신고 귀향길에 올랐다. 그런데 송나라 성을 지나갈 때 큰비가 왔다. 묵자는 잠시 비를 피하려고 성에 들어가려고 했지만 문지기의 제지로 들어가지 못했다. 적어도 그때는 묵자가 송나라의 대부가 아니었으므로 송나라인이 그를 몰라본 것이다. 그가 송나라를 구한 것도 당연히 송나라인의 부탁으로 그런 것이 아니었다.

그렇다면 그는 왜 쓸데없이 남의 일에 참견을 한 것일까?

공평과 정의를 위해서였다.

공평과 정의는 묵자가 평생토록 추구한 것이며 묵가 학파의 핵심적인 가치관이었다. 또한 그들이 보기에 당시 사회의 가장 큰 문제는 바로 공평과 정의의 결여였다.

묵자는 말했다.

"어떤 사람이 남의 과수원에 들어가 복숭아와 오얏을 훔치면 사람들은 그가 잘못했다고 말하고 관아에서도 그에게 책임을 추궁할 것이다. 왜냐하면 그가 남에게 해를 끼쳐 이익을 얻었기 때문이다. 만약 닭과 개를 훔치면 죄가 더 무거울 것이고 소와 말을 훔치면 역시 죄가 더 무거울 것이다. 혹시 사람을 죽이고 불을 지른다면 그 죄는 너무나 중대할 것이다."

이것이 곧 공평과 정의다.

그래서 한 명을 죽인 죄는 열 명을 죽이면 열 배가 되고 백 명을 죽이면 백 배가 된다. 그러면 만약 만 명을 죽인다면? 당연히 죄가 만 배가 되어야 옳지 않을까?

그렇지 않다. 무죄다.

무죄일 뿐만 아니라 큰 공에 해당한다. 왜냐하면 그 만 명을 전쟁터에서 죽였을 것이기 때문이다. 그래서 사람들은 영웅적인 업적을 세웠다고, 나라를 빛냈다고 입을 모아 칭찬할 것이다. 그 전쟁이 어떤 성격의 것이었는지는 신경도 쓰지 않고.

그러면 춘추전국 시대에 정의로운 전쟁이 있었을까? 없었다. 죄다 침략 전쟁이었다. 그 침략 전쟁은 도둑떼의 약탈과 차이가 있었을까? 없었다. 오히려 당당하고 떳떳한 척하는 것이 더욱 뻔뻔스러웠다. 그 뻔뻔스러운 짓을 국가의 이름을 빌려 정의로운 일로 탈바꿈시켰다.[3]

더 뻔뻔스러웠던 것은 제후들이 다른 나라를 침략해 백성들을 도살하고 재산을 탈취했을 뿐만 아니라 그 일을 역사에 기록해 후대에 과시한 사실이다. 혹시 어느 평민이 이웃집에 난입해 사람을 죽이고 곡식과 물건을 훔쳤다고 해보자. 그가 이에 관해 "나보다 도둑질을 052

---

3 『묵자』「비공非功 상」 참고.

많이 한 사람은 없었다"고 기록해 자랑하는 게 가능했을까?

당연히 불가능했다.

똑같은 일을 왕과 귀족은 할 수 있었고 평민은 하지 못했다. 혹은 왕과 귀족이 하면 '영웅적인 업적'이었고 평민이 하면 '천인공노할 짓'이었다. 세상에 이런 법이 어디 있는가?[4]

이것은 무엇을 뜻하는가? 그 사회에 공평과 정의가 전혀 없었음을 뜻한다.

공평과 정의가 없는 것은 사랑이 없기 때문이므로 세상을 구원할 방법은 겸애일 수밖에 없다. 겸애는 곧 "차별 없이 서로 사랑하고 서로 이익을 주고받는 것兼相愛, 交相利"[5]이다. '겸兼'은 차별 없이 대하는 것이다. '교交'는 오는 것이 있으면 가는 것이 있다는 것이다. 전자는 평등을 말하며 후자는 서로 이익을 주고받는 것을 말한다. 평등하면 공평하고 서로 이익을 주고받으면 정의롭다. 이처럼 공평과 정의는 겸애에 의해, 그리고 겸애를 통해서만 실현될 수 있는가?

묵자는 그렇다고 생각했다.

그렇다면 인애는 안 되는 것인가?

안 된다. 겸애에는 차별이 없지만 인애에는 차별이 있기 때문이다. 차별이 있으면 등급이 있게 마련이고 등급은 곧 불평등을 뜻한다. 평등하지 않으면 공평이란 있을 수 없고 공평이 없으면 당연히 정의도 없다. 그 결과는 입으로만 인의도덕을 떠드는 온갖 죄악일 수밖에 없다.

053

---

4 『묵자』「노문魯問」참고.
5 『묵자』「겸애 중」참고.

그래서 묵자는 꿋꿋이 겸애의 깃발을 높이 쳐들었다. 그 깃발에는 공평과 정의가 새겨져 있었다.

이것은 과연 무슨 사상일까?

바로 사회주의다.

내친 김에 끝까지 파고들어 보자.

묵가사회주의

묵자가 주장한 합리적인 사회는 노동자의 천국이다.

대다수 사회주의자들과 마찬가지로 묵자는 노동의 가치와 의미를 높이 평가했다. 그는 다음과 같이 말했다.

"동물은 수놈이 밭을 갈고 암놈이 길쌈을 하지 않아도 된다. 깃털이 옷이고 발톱이 신발이며 물과 풀이 양식이기 때문이다. 그러나 사람은 '그 힘에 의지해 살고 그 힘에 의지하지 않으면 살지 못한다賴其力者生, 不賴其力者不生.' 노동하지 않으면 못 먹고 사는 것이다."[6]

노동은 인간과 동물의 본질적인 차이점이다.

이를 근거로 하면 사회적 부의 분배 원칙은 마땅히 일한 사람은 얻고 일하지 않은 사람은 얻지 못하며, 많이 일한 사람은 많이 얻고 적게 일한 사람은 적게 얻는 것이어야 한다. 그러나 현실은 그렇지 않다. 일을 적게 하거나 심지어 전혀 하지 않는 사람이 가장 많은 사회

6 『묵자』「비악」참고.

적 부와 자원을 차지하곤 한다. 이에 대해 "일하지 않고 얻은 과실은 가져서는 안 된다不與其勞獲其實, 已非其有所取之"[7]고 하면서 묵자는 그것을 '이유 없는 부귀無故富貴'[8]라고 칭했다.

이것은 불합리하므로 개혁해야만 한다.

묵자의 방안은 분배제도와 인사제도를 개혁해 모든 사람이 자기 힘으로 생활하고, 노동에 따라 나눠 갖고, 각자의 능력에 따라 일하고, 기회를 균등하게 갖도록 하는 것이었다.

우선 누구나 노동하고 공헌해야 한다. 노동은 육체노동과 정신노동을 포괄하며 공헌은 각기 다른 일을 맡아 진행한다. 이를 '분사分事'라고 한다. 예를 들어 군왕은 정치를 하고, 사인은 보좌를 하고, 농민은 농사를 짓고, 아녀자는 길쌈을 한다. 이 모든 것이 다 노동이며 공헌의 크고 작음에 따라 상응하는 보수를 받을 이유와 자격을 갖는다. 이것이 곧 자기 힘으로 생활하고 노동에 따라 나눠 갖는 것이다.[9]

둘째, 노동에 따라 나눠 갖는다고 한다면 공평함을 구현하기 위해 사회는 또한 모든 사람이 각자 잘하는 일에 종사할 수 있게 보장함으로써 그들이 자신의 재능을 충분히 발휘할 수 있게 해줘야 한다. 이것이 각자의 능력에 따라 일하는 것이다.[10]

셋째, 각자 능력에 따라 일하고 그 노동에 따라 나눠 갖는다면 사회의 관리는 마땅히 "능력이 있으면 발탁하고 능력이 없으면 내쳐야有能則擧之, 無能則下之"한다. 그래서 농민, 장인, 상인처럼 신분이 미천한

---

7 『묵자』「천지天志 하」 참고.
8 『묵자』「상현尙賢 하」 참고.
9 『묵자』「비악 상」 참고.
10 『묵자』「절용節用 중」 참고.

사람이어도 능력만 있으면 "높은 작위를 주고, 무거운 녹봉을 주고, 정사를 맡기고, 결단해 명령할 권한을 주어야高子之爵, 重子之祿, 任之以事, 斷子之令" 한다. 이와 반대로 왕과 귀족의 육친이라도 능력이 없으면 관리로 등용하면 안 된다. 결국 존비와 귀천을 모두 능력과 성과에 따라 조정하여 "관리도 언제까지나 귀하지 않고 백성도 끝까지 천하지 않는官無常貴而民無終賤" 사회를 만든다. 이것이 바로 기회의 균등이다.[11]

이런 사회적 이상이 2000년 전에 제시됐다는 것은 실로 놀라운 일이 아닐 수 없다. 그래서 이 주장은 발표되자마자 천하를 풍미함으로써 공자 이후 양주와 어깨를 나란히 하는 양대 학설 중 하나가 되었다.

그러나 좋은 시절은 오래 가지 않는 법이다. 일세를 풍미했던 묵가 사상은 금세 소리 없이 사라졌고 묵자 본인도 잊혀졌다. 사마천의 『사기』에서 묵자의 생애에 관한 기록은 겨우 24자에 불과하다.

묵적은 송나라의 대부였고 지키고 방어하는 전술에 능했으며 절약을 주장했다. 공자와 같은 시대에 살았다고 하는 사람도 있고 공자보다 후대에 살았다고 하는 사람도 있다蓋墨翟, 宋之大夫, 善守御, 爲節用. 或日并孔子時, 或日在其後.[12]

057   양주는 더 심해서 한 글자도 기록이 없다.

---

11 『묵자』「상현 상」참고.
12 『사기』「맹자순경열전孟子荀卿列傳」참고.

유가의 패권주의로 인해 이런 일이 빚어졌다고 결론지을 수만은 없다. 사실상 한 무제 이후 역대 통치자들은 모두 유가와 법가를 겸용했으며 도가 사상은 줄곧 문인사대부들에게 관심을 받았다. 당나라 이후에는 유, 불, 도, '삼교 합류三敎合流'의 기풍이 전개되었다. 오직 묵가 사상만 영원히 회복되지 못하고 지하에 묻혔다.

왜 그렇게 되었을까?

묵자의 사상과 실천에 다 문제가 있었기 때문이다.

우선 근거가 없었다. 유가의 주장은 근거가 있다. 서주 시대에 수립된 예악제도는 역사적 근거이며 사람마다 갖고 있는 혈육의 사랑은 인성 차원의 근거다. 묵자의 주장은 순전히 사유의 산물이어서 근거도 없고 방법도 없다. 그의 전체 개혁 방안은 듣기에는 구구절절 옳고 설득력이 있지만 막상 실천에 옮겨지고 나서는 단 하나도 성공하거나 확산되지 못했다.

그들이 성공하지 못한 것은 당연한 일이었다. 무엇보다도 '묵가사회주의자'가 되기가 너무나 힘들고 어려웠다. 거친 무명옷을 입고, 짚신과 나막신을 신고, 온종일 휴식 없이 일하고, 정강이와 장딴지에 털이 다 닳아 없어질 정도로 무리해야만 '우왕禹王의 도道(묵가는 근검절약하고 황하의 홍수를 막으려고 바삐 일한 우왕을 본받아야 할 모델로 삼았다)를 따르는 '묵자墨者'로 불릴 수 있었다.[13]

그것은 실로 보통 사람이라면 경악해 꽁무니를 뺄 만했다.

---

13 『장자』「천하天下」 참고. 『묵자』「비세備梯」에서도 묵자의 제자 금활리가 스승을 3년간 모시며 손발에 못이 박히고 얼굴이 석탄처럼 까맣게 탔다는 이야기가 나온다. 묵자는 이런 그를 보다 못해 술과 식사를 차려주었고 그때서야 그는 나라를 지키는 법을 배우고 싶다고 털어놓았다.

묵자가 공평과 정의를 주장한 것은 높이 평가할 만하다. 인류의 행복을 주장한 것 역시 마찬가지다. 그러나 그가 주장한 공평과 정의는 물불을 가리지 않는 고생과 인내를 통해서만 실현 가능했다. 그가 약속한 인류의 행복 역시 대다수 사람에게는 고통의 산물이었다. 아마도 묵자가 보기에는 모두가 평등하게 힘든 생활을 하는 것이 행복이었던 것 같다. 하지만 그의 생각은 틀렸다. 사람들은 평등하기도 하고 윤택하기도 한 삶을 바란다. 해진 옷을 입고 거친 식사를 하며 매일 끝도 없이 노동을 하면서도 오락까지 금지당하는[14] 생활은 아무도 원치 않는다.

따라서 장자 학파가 묵가를 가리켜 "세상 사람들의 마음을 배반했다反天下之心"라고 한 것은 일리가 없지 않다. 세상 사람들의 마음을 배반했다는 것은 인간의 보편적인 정서와 거리가 멀었다는 뜻이다. 그런 까닭에 "이런 식으로 사람들을 가르치면 사람들은 남을 사랑하지 못할 것이며 이런 식으로 스스로 행동하면 틀림없이 자기 자신도 사랑하지 못할 것이다以此教人, 恐不愛人; 以此自行, 固不愛己." 만약 강제로 시행하더라도 "세상 사람들은 감당하지 못할 것이다天下不堪." 묵자 자신은 실행할 수 있다 해도 세상 사람들은 어찌할 것인가![15]

그 다음으로, 장자 학파는 또 어떤 주장을 폈을까?

---

14 묵자가 오락에 반대한 것은 『묵자』「비악」 참고.
15 『장자』「천하」 참고.

두 가지
'무정부주의'

장자의 주장은 '무정부주의'였다.

뭉뚱그려 말한다면 도가는 정부도, 지도자도 좋아하지 않았다. 적어도 장자와 장자 학파는 그랬다. 그들은 정부와 지도자가 없는 것이 가장 좋으며 만약 없앨 수 없더라도 없는 것과 진배없게 만들어야 한다고 생각했다. 이를 이미지로 표현한 것이 "윗사람은 높이 솟은 나뭇가지 같고 백성들은 들판의 사슴과 같다上如標枝, 民如野鹿"[16]이다. 나무 꼭대기의 가지는 무심히 뻗어 있을 뿐 어떤 일과도 관련이 없다.

이것은 전혀 이상하지 않다.

앞에서 도가가 덕이 없어야 덕이 있고 사랑하지 않아야 사랑이 있으며 다스리려 할수록 못 다스리고 구원하려 할수록 구원하지 못한다는 주장을 폈다고 서술한 바 있다. 이 논리에 따르면 가장 훌륭한 사회는 구원이 필요 없으며 가장 훌륭한 지도자와 통치도 유명무실

---

16 『장자』「천지天地」 참고.

하거나 있는 듯 없는 듯하여 잘 눈에 띄지 않는다.

노자의 말을 빌린다면 이것은 이른바 "훌륭한 군주는 백성들이 그가 있다는 것만 안다太上, 下知有之"이다.

어떤 판본에는 이 말이 "그가 있다는 것을 모른다不知有之"로 적혀 있기도 하다. 어쨌든 군주가 마치 없는 것처럼 존재감이 희박한 것이 가장 좋다.

그 다음은 백성들이 군주에게 "친근감을 갖고 칭찬하는親而譽之" 것이며, 또 그 다음은 군주가 백성들을 위협하고 백성들은 "군주를 두려워하는畏之" 것이다. 가장 최악은 군주가 백성들을 모욕하고 백성들은 군주를 원수처럼 여겨 "그를 경멸하는侮之" 것이다. 이 지경에 이르면 이미 난세라고 할 수 있다.[17]

"윗사람이 높이 솟은 나뭇가지 같다"는 것도, "백성들이 그가 있다는 것만 안다"는 것도 정부와 지도자가 없을 수도 있음을 뜻한다.

그러면 도가는 왜 정부를 원치 않은 걸까?

우선 노자를 살펴보자.

노자는 정부를 원치 않는다고 말한 적은 없지만 정부가 작위적이어서는 안 된다고 주장했다. 노자는 이렇게 말했다.

"한 사회가 금기가 많을수록 백성이 가난해지고, 편리한 도구가 많을수록 나라가 어지러워지고, 잔꾀가 많을수록 괴상한 일이 늘어나고, 법령이 요란할수록 도둑이 많아진다."[18]

061

---

17 『노자』 제17장 참고. 『노자』를 인용할 때 가장 골치 아픈 것이 판본 문제다. 이 책에서는 원칙적으로 가오밍의 『백서 노자교주』를 인용했으므로 일반적으로 알려진 판본과 전부 일치하지는 않는다. 그러나 각 장의 번호는 독자들의 편의를 위해 알려진 판본의 예를 따랐다.
18 『노자』 제57장 참고.

결국 천하가 크게 어지러운 것은 통치자가 지나치게 의식적으로 일을 하기 때문이다.

그런데 통치자는 왜 그럴까?

욕망이 과해서다.

노자가 보기에 모든 작위는 욕망에서 기인한다. 욕심이 많으면 만족을 모른다. 만족을 모르면 쓸데없이 고생한다. 고생할수록 천하는 어지러워진다. 이를 일컬어 "욕심이 많은 것보다 큰 죄가 없고 만족을 모르는 것보다 큰 화가 없다罪莫大於多欲, 禍莫大於不知足"[19]라고 한다.

그러면 어떻게 해야 하는가?

욕망을 절제해야 한다.

그러나 욕망이라는 것은 사실 누구에게나 있으므로 그것을 건드리거나 유혹하지 않는 것이 중요하다.

이를 위해 노자는 통치자에게 '3불不 원칙'을 제시한다.

첫째, 현명하고 능력 있는 자를 떠받들지 않는다. 그래야만 사람들이 그들을 본보기로 삼아 경쟁하지 않는다. 둘째, 귀중한 물건을 귀하게 여기지 않는다. 그래야만 사람들이 훔칠 마음이 생기지 않는다. 셋째, 남이 탐낼 만한 물건을 갖고 자랑하지 않는다. 그래야만 사람들의 마음이 어지러워지지 않는다.[20]

이처럼 노자는 "윗사람이 좋아하는 것을 아랫사람은 더 심하게 좋아한다上有所好, 下必甚焉"는 이치를 잘 알고 있었다.

19 하상공본河上公本 『노자』 「검욕儉欲 제46」 참고.
20 『노자』 제3장 참고.

그래서 노자는 통치자에게 욕망의 절제를 요구했을 뿐만 아니라 그들이 머리가 나쁘기를 바랐다. 통치자가 멍청해야 백성들이 순박하기 때문이다. 반대로 통치자가 똑똑하고 세심하면 백성들은 마음속에 꿍꿍이를 품는다.[21]

아무래도 가장 좋은 것은 통치자와 백성들이 다 무지몽매한 경우인 듯하다.

그래서 노자는 우민정책을 제시했다. 그것을 구체적으로 요약하면 이렇다. 백성들의 생각을 단순화시키면서 배불리 먹여줌으로써 그들의 의지를 약화시키고 신체를 강인하게 한다. 그래서 그들이 영원히 지식도, 욕망도 못 갖게 하는 한편, 자기 생각이 옳다고 믿는 자들이 감히 나쁜 짓을 못하게 만든다.

지식인들이 함부로 행동하지 못하게 하고 백성들이 무지, 무욕의 상태에 머물게 하려면 당연히 그들의 "생각을 텅 비우고, 배를 든든히 채우고, 뜻을 약하게 하고, 몸을 튼튼하게 만들어야虛其心, 實其腹, 弱其志, 强其骨"[22] 한다. 그런데 이런 식이면 사람을 편하게 만들어 동물로 바꿔놓는 것이 아닌가?

바로 그렇다.

그러면 대체 왜 그래야 하는가?

왜냐하면 "백성들이 지혜가 많으면 다스리기 어렵기民之難治, 以其智多" 때문이다. 따라서 나라가 잘 다스려지면 백성들이 어리석어야 하고

---

21 『노자』 제58장 참고.
22 『노자』 제3장 참고.

백성들을 어리석게 만들려면 군주가 어리석어야 한다. 군주는 위장을 해서라도 멍청해 보여야 한다. 이를 가리켜 "지혜로 나라를 다스리면 나라에 해가 되고 지혜로 나라를 다스리지 않으면 나라에 복이 된다以智治國, 國之賊; 不以智治國, 國之福"[23]고 한다.

적어도 "애써 하지 않으면서 무언의 가르침을 행해야處無爲之事, 行不言之敎"[24] 한다.

그런데 통치자가 아무 일도 안 해도 되는 걸까?

당연히 된다. 노자는 통치자의 입장을 가정하여 이렇게 말했다.

"내가 애써 하지 않으면 백성들이 저절로 교화되고, 내가 고요함을 좋아하면 백성들이 저절로 바르게 되고, 내게 일이 없으면 백성들이 저절로 넉넉해지고, 내게 욕심이 없으면 백성들이 저절로 순박해진다我無爲而民自化, 我好靜而民自正, 我無事而民自富, 我無欲而民自朴."[25]

한마디로 통치자가 "욕심을 없애 고요해지면 천하가 저절로 바르게 된다不欲以靜, 天下將自定."[26]

그래서 통치자는 억지로 무리하지 않고 '애써 하지 않음으로써 다스리는 것無爲而治'이 좋다. '애써 하지 않는 것' 즉 '무위'는 '안 다스리는 것不治'이 아니라 '큰 다스림大治'이다. 여기서 알아둬야 할 것은, 노자에게 '대大'는 어김없이 '무無'였다. 예컨대 그는 "큰 소리는 소리가 들리지 않고, 큰 형상은 모양이 없고, 큰 네모는 귀퉁이가 없고, 큰 그릇은 이뤄지지 않는다大音希聲, 大象無形, 大方無隅, 大器免成"[27]라고 했다. 가장 큰

---

23 『노자』 제65장 참고.
24 『노자』 제2장 참고.
25 『노자』 제57장 참고.
26 『노자』 제37장 참고.
27 『노자』 제41장 참고. 이 부분은 보통 '대기만성大器晚成'이라고 알려져 있는데 후난 성 창사長沙 마왕두이馬王堆에서 출토된 백서帛書 『노자』 을본乙本에는 '대기면성大器免成'으로 기록되어 있다.

그릇은 만들 필요가 없는 것처럼 가장 훌륭한 천하도 다스릴 필요가 없다. 다스리지 않는 다스림이 큰 다스림인 것이다.

실제로 군주가 다스리지 않으면 백성들이 저절로 다스려지고 군주가 "애써 하는 일이 없으면無爲" 백성들이 "애써 일을 행한다有爲". 따라서 노자의 주장은 이렇게 한 마디로 개괄할 수 있다.

정부가 있으면 성과가 없고 정부가 작으면 사회가 커진다.

이렇게 보면 노자는 결코 진정으로 무위를 지향한 것이 아니었다. 다스리지 않음으로써 다스리고 애써 하지 않음으로써 하지 않는 것이 없는 경지를 꿈꿨다. 이것은 장자와는 조금 다르다. 장자는 "윗사람이 높이 솟은 나뭇가지 같아야만" "백성들이 들판의 사슴 같아진다"고 생각했다. 백성들이 들판의 사슴 같다는 것은 자연인 동시에 자유다. 그러면 정부는 무슨 일을 해야 하는가?

확실히 노자는 작위가 없는 것, 즉 '무작위'를 지향했을 뿐이다. 장자야말로 '무정부'를 지향했다.

이것이 두 가지 서로 다른 '무정부주의'다.

서로 다른 '무정부주의'가 있듯이 '유위'와 '무위'의 서로 다른 조합도 있다. 노자는 "무위로써 유위를 추구했고" 장자는 "무위로써 무위를 추구했으며" 묵자는 "유위로써 유위를 추구했다." "유위로써 무위를 추구한 것"은 선종禪宗이 대표적이다.

065   그러면 이 시점에서 묵자, 노자, 장자 가운데에서 누가 결실을 맺었

'만성'보다는 '면성'이 노자의 변증법에 더 부합된다.

을까?

바로 노자다.

또한 그 결실은 바로 한비였다.

무위의
전제정치

노자처럼 한비도 군주의 무위를 주장했다.

군주의 무위에는 이유가 세 가지 있다.

우선 군주는 무위여야 존귀하다.

한비는 하늘 아래 도와 덕보다 높은 것은 없다고 말했다. 도는 넓고 커서 형체가 없으며 덕은 사리에 부합하고 미치지 않는 곳이 없다. 이런 도와 덕에는 어떤 작위가 있을까? 없다. 더할 수 없이 높고 또 높을 뿐이다. 또한 높은 곳에서 굽어보며 억지로 애쓰는 바가 없기에 도는 만물을 낳을 수 있고 덕은 음양을 이룰 수 있다. 이밖에 저울로 무게를 알고 자로 길이를 재며 군주가 신하들을 부리는 것 역시 같은 이치로 가능하다.

이로써 홀로 높고 귀한 자는 무위이며 무위인 자는 홀로 높고 귀하다는 것을 알 수 있다. 군주는 유아독존인 이상 신하들처럼 동분서주해서는 안 된다. 심판의 역할을 맡았으므로 따로 운동선수의 역할을 맡아서도 안 된다.

그 다음으로, 군주는 무위인 것이 현명하다.

이 말의 이치도 매우 단순하다. 당신이 어떤 일을 끝내면 다른 누구는 하지 않는다. 당신이 혼자 모든 일을 끝내면 모두가 하지 않는다. 하지만 한 나라에서는 해야 할 일들이 이루 헤아릴 수 없이 많은데 군주 혼자 다 끝낼 수 있을까? 그럴 수 없으니 차라리 하나도 하지 않는 편이 낫다.

만약 군주가 하지 않으면 신하가 자연히 할 것이다. 군주가 한가하면 신하가 바빠지게 마련이다. 생각해보라. 군주 혼자 바쁜 것이 효과적인가, 모두가 바쁜 것이 효과적인가? 더 말할 필요도 없다.

셋째, 군주는 무위여야 안전하다.

마찬가지로 단순한 이치다. 군주가 일단 일을 하면 신하는 짐작을 하게 마련이다. 일을 많이 하면 할수록 신하가 짐작하는 것도 많아진다. 만약 군주가 구체적인 사무 처리 능력을 표출하면 그의 속사정이 낱낱이 짐작되어 드러난다. 그래서 신비감이 다 사라지면 어떻게 계속 군주직을 맡겠는가? 그래서 한비는 "군주가 장점을 발휘하면 일이 형통하지 않고 뻐기고 능력을 좋아하면 신하가 속이게 된다上有所長, 事乃不方; 矜而好能, 下之所欺"[28]라고 했다.

이와 반대로 군주가 말문을 닫고 무표정하게 있으면서 속내를 비치 **068**

---

28 위의 내용은 모두 『한비자』 「양권揚權」에 나온다.

지 않으면 신하는 전전긍긍하여 감히 농간을 못 부리며 정권을 노리
는 일은 꿈도 꾸지 못한다. 한비는 이에 관해 "현명한 군주는 위에서
아무 일도 하지 않고 신하들은 아래에서 두려움에 떤다明君無爲乎上, 群臣
竦懼於下"[29]라고 표현했다.

확실히 이것은 강자의 권모술수다.

한비의 권모술수는 노자에게서 배워온 것이 많다. 그러나 노자의
권모술수는 약자의 것이며 약자의 지혜다. 『노자』에서는 통치자가 몸
을 낮춰야 하며 부드러운 것이 강한 것을 이길 수 있다고 거듭 강조하
는데, 이는 노자가 약자 집단을 대변했기 때문이다(이 내용은 이 책의 제
5장에서 자세히 논의될 것이다).

반면에 한비는 강자였다. 혹은 강자를 대변했다. 이에 대해 그는 전
혀 거리낌 없이 말했다.

일은 사방에 있어도 요체는 중앙에 있다. 현명한 군주가 요체를 쥐고
있으면 사방에서 신하들이 보고를 올린다事在四方, 要在中央. 聖人執要, 四方來
效.[30]

군주가 무위일 수 있으려면 "요체가 중앙에 있어야要在中央" 한다.
즉, 중앙집권이어야 한다. 중앙집권이란 군주가 절대권력을 쥐고 있
069 음을 뜻한다. 그런 권력이 있어야 군주는 비로소 무위를 실행할 수

---

29 『한비자』「주도主道」 참고.
30 『한비자』「양권」 참고.

있다.

권력은 무위의 전제다.

집권은 무위의 보장 장치다.

이 점은 노자, 장자와 완전히 다르다. 노자의 사회적 이상은 '작은 정부와 큰 사회' '백성의 자치와 군주의 무위'여서 기본적으로 권력이 불필요하다. 장자는 자연과 자유를 추구하고 "윗사람은 높이 솟은 나뭇가지 같고 백성들은 들판의 사슴 같아야" 한다고 주장해서 더더욱 권력에 반감을 가졌다. 따라서 노자와 장자는 서로 차이가 있기는 하지만 '무중심無中心' '무정부'라는 점에서는 일치한다.

중심이 있는 것은 공자다.

사실 공자도 '무위이치無爲而治(무위의 다스림)에 찬성했다. 다만 유가에서는 그것을 '수공이치垂拱而治(아무것도 하지 않고 다스림)라고 부르는 편을 더 선호했을 뿐이다. 또한 공자는 훌륭한 정치란 "북극성이 제자리에 있고 뭇 별들이 그 주위를 도는 것처럼" 자연스러워야 한다고 생각했다. 다만 그 훌륭한 정치가 도덕에서 비롯된다고 여겼을 뿐이다. 집정자가 "덕으로 정치를 하여爲政以德" 도덕적으로 모범을 보이고 고상한 품격으로 백성들을 감화시켜야 북극성처럼 "제자리에 있으면서도 뭇 별들이 그 주위를 돌게居其所而衆星共之"**31** 할 수 있다.

공자의 북극성은 '도덕의 중심'이었다.

그러나 한비의 북극성은 '권력의 중심'이었다. 이 중심을 차지하는

31 『논어』 「위정爲政」 참고.

자는 중앙집권체제의 군주로서 당시 각국의 국왕뿐만 아니라 훗날 제국의 황제를 포괄한다. 그들이 바로 법가 체계 속의 북극성이었다.

물론 그 '북극성들'이 정말로 아무 일도 안 한 것은 아니다. 예컨대 "닭에게 밤의 시각을 알리게 하고 고양이에게 쥐를 잡게 했다使鷄司夜, 슈狸執鼠." 신민臣民이 각자의 능력으로 각자의 직분을 다하게 하는 것이 군주가 해야 할 일이었다. 그들은 그 일을 할 필요가 있는 동시에 반드시 해야만 했다.[32]

왜냐하면 그것이 권력의 구현이기 때문이었다.

다행히 그 일은 복잡하지 않았다. 한비의 계획에 따르면 중앙집권 국가는 반드시 일찌감치 무용한 자들을 정리해야 했다. 그 무용한 자들에는 이른바 '오두지민五蠹之民(나라를 좀먹는 다섯 부류의 사람들)이라 불리는 유생, 협객, 식객, 종횡가, 상공업자가 포함되었다. 이들을 죄다 정리하고 농민, 병사, 농민과 병사를 관리하는 관원만 남기면 아주 깔끔하고 단순해진다고 보았다.[33]

의심의 여지없이 이것은 일종의 전제정치다.

그러나 이 전제정치도 역시 무위의 정치다. 왜냐하면 최고 통치권과 정책결정권이 군주의 수중에 있을 뿐만 아니라 이 전제정치가 의지하는 것이 이른바 '법치'이기 때문이다. 한비의 말을 빌리자면 "다스리고 어지러운 것은 법과 술수에 맡기고, 옳고 그름은 상벌에 맡기고, 무겁고 가벼움은 저울에 맡긴다寄治亂於法術, 托是非於賞罰, 屬輕重於權

071

---

32 『한비자』「양권」참고.
33 『한비자』「오두」참고.

衡."**34**

다시 말해 모든 것을 제도와 법률에 맡긴다는 것이다. 그러면 군주는 전제정치를 펴더라도 직접 손을 쓸 필요가 없다.

그렇다. 사람이 다스리는 것이 아니라 법이 다스리는 것이며 사람의 전제정치가 아니라 법의 전제정치다.

이것이 바로 법가가 법가로 불린 원인이자, 법가와 그들의 주장이 비판을 받은 원인으로서 천천히 신중하게 되새겨볼 필요가 있다(이 부분은 이 책의 제6장에서 자세히 논의될 것이다). 그러나 한비가 주장한 무위의 정치가 제도적 보장을 얻는다는 점은 긍정할 만하다. 이 보장이 생김으로써 군주가 제자리만 지켜도 저절로 모든 신민이 직분을 다하게 된다.

이것은 어쩌면 개미의 사회와 흡사하다.

사지를 움직이지 않고도 배가 부른 채 중앙에 위치한 군주는 여왕개미다. 그리고 아무 생각 없이 법으로 정해진 프로그램에 따라 움직이는 신민은 일개미다.

이런 사회를 좋아한 이들이 있을까?

있다.

그들은 바로 묵가다.

---

34 『한비자』 「대체大體」 참고.

평등은
독재를 낳는다

묵가도 개미의 사회를 추구했다.

물론 법가는 묵가보다 뒤에 나왔고 묵자는 한비 이전의 인물이었다. 법가가 활약할 때 묵가는 이미 쇠망한 상태였다. 그래서 묵가는 한비를 지지하는 것이 불가능했다. 그러나 앞에서 말한 대로 묵가와 법가는 근본적으로 대립되면서도 유사한 점이 있었다. 양자가 모두 '개미의 사회'를 추구했다는 점에서 바로 그렇다.

물론 이 유사점은 우연의 일치일 뿐이며 양자가 상상한 개미의 사회는 서로 구조만 같다. 그 나머지를 보면 성질도, 연원도, 실현 방식도 다르다. 한비는 '국가주의자'였다. 그의 주장은 국가에만 적용되고 군주를 통해서만 실현될 수 있었다. 이와 비교해 묵자는 '사회주의자'였다. 그는 자발적인 실천을 주장했다.

073 　그러면 그 실천은 어디에서 이뤄져야 했을까?

조직에서 이뤄져야 했다.

유가, 도가, 법가와 달리 묵가는 학파인 동시에 단체였고 심지어 준군사조직이었다. 조직의 구성원은 '묵자墨者', 조직의 리더는 '거자巨子'라고 불렸다. 거자는 이중의 신분을 보유했다. 그는 스승이자 리더로서 제자들에 대해 생사여탈의 권한을 지녔다. 모두가 일사분란하게 그의 명령에 따라야 했다.

묵자 본인도 그랬다.

묵자가 거자일 때 그에게는 188명의 제자가 있었다고 한다. 그들은 충성스럽고 훈련이 잘 되어 있었다. 언제든 묵자가 한마디만 하면 불 속에라도 뛰어들 용의가 있었다. 그래서 그들을 일컬어 "불 속으로 들어가고 칼날 위를 걸을지언정 죽어도 발길을 돌이키지 않았다赴火蹈忍, 死不還踵"[35]라고 했다.

이 정도면 리더가 자살폭탄 테러를 지시했어도 그들은 해냈을 것이다.

그들은 마피아였을까? 아니면 테러조직?

아니다. 평화단체였다.

현재까지 알려진 바에 따르면 묵가의 구성원들은 틀림없이 선량한 이들이었다. 그들은 평화를 사랑하고, 성실히 일하고, 고통을 참아낼 수 있고, 규율을 준수하고, 봉사와 희생의 정신이 풍부했다. 묵자 본인은 더더욱 선량하고 도덕적이며 금욕주의적 삶을 살았다. 이는 상

074

35 『회남자』 「태족훈泰族訓」 참고.

앙과 한비가 세우고 지키려던 왕국과는 완전히 딴판인데 어째서 똑같이 개미의 사회라고 하는 것일까?

그들의 이상과 가치관 때문이다.

그러면 묵가의 이상과 가치관은 또 무엇이었을까?

공평과 정의, 그리고 평등이었다.

묵가는 확실히 평등을 추구했다. 그들이 인애를 반대하고 겸애를 주장한 것은 인애에는 등급이 있고 겸애는 평등을 중시하기 때문이었다. 묵자가 분배제도와 인사제도를 개혁해 자기 힘으로 생활하고, 노동에 따라 나눠 갖고, 각자의 능력에 따라 일하고, 기회를 균등하게 갖자고 주장한 것도 평등을 추구하기 위해서였다.

이러한 묵가의 추구는 의외로 법가와 동일하다. 법가도 평등을 중시했으며 그들의 평등은 모든 사람의 '법 앞에서의 평등'이었다. 이 점은 상앙의 실천으로 증명되었다. 상앙은 비록 태자를 법에 따라 처벌하지는 못했지만 그 대신 태자의 사부를 법에 따라 처벌했다. 왕자라도 법을 어기면 백성들과 똑같이 죄를 묻는다는 원칙을 관철한 셈이었다.

더구나 법가는 모든 사람의 '군주 앞에서의 평등'도 중시했다. 이것은 상대적으로 더 쉬웠다. 법가의 체계 안에서 신민은 본래 군주의 일벌이나 다름없기 때문이었다.

075　따라서 법가가 평등을 중시한 것에는 문제가 없다.

법가처럼 도가도 문제가 없다. 도가는 모든 사람의 '도 앞에서의 평등'을 주장했다. 마찬가지로 유가도 문제가 없는 것이, 그들은 평등에는 아예 관심이 없었다. "군주는 너그럽고 신하는 충성스러워야 한다 君仁臣忠" "부모는 자애롭고 자식은 효성스러워야 한다父慈子孝" 같은 '대등'을 중시했을 뿐이다.

보아하니 문제가 있는 것은 묵가뿐이다.

무슨 문제일까?

한 사회의 사람들이 다 평등할 때 그들의 의견이 갈리면 어떻게 해야 하나?

이 문제는 매우 실제적이므로 답하지 않을 수 없다.

한비의 방법은 '유법唯法'이며 묵자의 방법은 '상동尙同'이다.

유법은 이해하기 쉽다. 전적으로 법을 따르는 것이다. 군주를 비롯해 모두가 법을 행하고 법을 따르는 것이다. 실제로 "공적인 법을 받들고 사적인 술수를 폐기할奉公法, 廢私術" 수만 있으면 "잘못을 벌할 때는 대신도 피해가지 못하고 착한 일에 상을 줄 때는 일반 백성도 빠지지 않아刑過不避大臣, 賞善不遺匹夫" 모두가 평등하다.[36]

그러면 상동은 무엇일까?

상동의 '상尙'은 '상上'이므로 상동은 위와 같다는 것이다. 즉, 모든 사상, 관념, 의견을 다 윗사람에게 통일시키고 최종적으로는 하늘에 통일시켜야 한다는 뜻이다. 그리고 이런 통일은 의심할 여지없이 절대 **076**

---

36 『한비자』 「유도有度」 참고.

적이어서 "위에서 옳다고 하는 것은 반드시 옳다고 하고 위에서 틀리다고 하는 것은 반드시 틀리다고 해야_{上之所是, 必亦是之; 上之所非, 必亦非之}" 한다.

확실히 이것은 절대적인 복종이다.

절대적인 복종은 준 군사조직에게는 당연히 필수적인 조건이다. 다만 밑의 사람들이 많고 윗사람도 한 사람이 아니면 또 어떻게 해야 할까?

묵자의 방법은 단계별로 위에 통일시키는 것이다.

촌의 백성들이 의견이 갈리면 촌장이 의견을 통일하고 촌장이 그러지 못하면 향장鄕長의 의견을 따른다. 향의 백성들이 의견이 갈리면 향장이 의견을 통일하고 향장이 그러지 못하면 군주의 의견을 따른다. 그리고 국민의 의견이 갈리면 군주가 의견을 통일하고 군주가 그러지 못하면 천자의 의견을 따른다. 천자가 있으면 결국 의견을 통일할 수 있다.[37]

이 방법을 이른바 '묵가식 민주집중제'(민주집중제는 공산주의 국가의 조직 원리로서 모든 기관이 상향식 선거에 의해 구성되고 하부기관은 상부기관에 정기적으로 의견을 반영하기는 하지만 소수는 다수에, 개인은 집단에, 하부는 상부에 복종할 의무가 있다)라고 말할 수 있을 것이다.

표면적으로 여기에는 '민주'의 요소가 있기는 하다. 묵자는 백성들에게 의견이 있으면 윗사람에게 제기할 수 있고 윗사람은 그 의견에

---

37 위의 내용은 모두 『묵자』 「상동尙同 중」에 나온다.

귀를 기울여야 한다고 규정했다. 그러나 그는 동시에 백성들이 윗사람에게 고해야 할 일을 고하지 않으면 처벌을 받아야 한다고 규정했다.[38] 그렇다면 이런 '민주'는 권리인가, 의무인가?

하물며 더 중요한 것은 '집중'이다. 또한 단계별로 위에 통일시킨다는 논리에 따르면 최고 결정권과 심판권은 역시 천자에게 있다. 천자는 진리의 대변인이자 최고 중재자다.

이것은 무엇일까?

이름만 민주이지 실제로는 전제정치이며 심지어 독재다.

이런 제도 아래에서 조직의 성격은 필연적으로 권위주의적일 수밖에 없고 리더의 권력도 절대화되게 마련이므로 묵가 조직이 개미 사회로 바뀐 것은 전혀 이상할 것이 없다. 의무만 있고 권리는 없는 기층 대중은 본래 일개미와 흡사하기 때문이다.[39]

묵가와 법가는 결국 방법은 달라도 결과는 같았다. 묵가의 개미 사회는 민간단체였지만 법가의 개미 사회는 국가 조직이었으며 묵가는 평등이 목표였지만 법가는 권력의 집중이 목표였다. 하지만 둘 다 최종적으로는 전제정치를 향해 나아갔다.

이제는 유가의 주장에 귀를 기울일 차례인 듯하다.

---

38 『묵자』 「상동 상」과 「상동 중」에서 모두 이 점을 언급한다.
39 이 부분의 서술은 평유란(馬友蘭)의 『중국철학간사中國哲學簡史』 참고.

유가의
소강 사회

장자의 이상이 "윗사람은 높이 솟은 나뭇가지 같고 백성들은 들판의 사슴 같은" 것이었고 묵가와 법가의 계획이 "윗사람은 여왕개미 같고 백성들은 일개미 같은" 것이었다면 유가의 주장은 "윗사람은 부모 같고 백성들은 자식 같아야" 한다는 것이었다.

　그것은 바로 봉건사회다.

　봉건사회는 종법사회이기도 했다. 적어도 서주 시대까지는 그랬다. 서주의 봉건제도에 따르면 주나라 왕은 하늘의 아들인 천자이고 제후는 주나라 왕의 아들인 왕자이며 대부는 제후의 아들인 공자公子였다. 그리고 가신은 대부의 아들인 사자士子였다. 그들은 본래 부자 관계였던 것이다.[40]

　나아가 진짜 부자가 아니어도 그렇게 간주될 수 있었던 것은 따로 예악제도가 보완 기능을 했기 때문이다. 예악제도는 "가까운 사람을

079

40 『이중톈 중국사3—창시자』 참고.

사랑하고親親 "윗사람을 공경하는尊尊" 것을 강조했다. 이에 따라 군주를 아버지처럼 여기고 신하를 자식처럼 여기는 것이 가능해졌다.

부자와 군신은 인간관계의 핵심 중의 핵심이었다.

군주는 너그럽고 신하는 충성스러우며 부모는 자애롭고 자식은 효성스러운 한편, 남자는 밭을 갈고 여자는 길쌈을 하면서 4대가 한 집에 사는 것, 이것이 바로 이상 속의 봉건사회로서 유가는 이것을 '소강小康'이라 불렀다.

소강은 대동大同과 나란히 이야기되었다.[41]

대동과 소강은 서로 다른 두 가지 사회이자 시대다. 고대의 이상 사회로 여겨졌던 대동의 사회에서는 사람들은 신용을 중시하고 평화를 사랑했으며 남자는 직업이 있고 여자는 기댈 곳이 있었다. 또한 사회적 약자들도 보살핌을 받았고 길에 물건이 떨어져 있어도 주워가는 사람이 없었으며 집집마다 밤에 문을 잠그지 않아도 되었다.

이런 사회는 당연히 묵가도 좋아했을 것이다. 그 사회에서 "사람들이 자기 부모만 부모로 여기지 않고 자기 자식만 자식으로 여기지 않은人不獨親其親, 不獨子其子" 것은 겸애의 원칙에 부합하고 "어질고 능력 있는 자를 뽑아 신의를 가르치고 화목함을 닦게 한選賢與能, 講信修睦" 것도 그들의 상현尙賢(어진 사람을 숭상하는 것)과 비공非攻(전쟁을 하지 않는 것)의 주장에 들어맞기 때문이다. 그리고 "권모술수도 없고 도둑과 불량배도 없었던謀閉而不興, 盜竊亂賊而不作" 것은 '무위의 다스림'을 뜻하므로 도가

41 이 절에서 서술한 대동과 소강에 관해서는 『예기』 「예운禮運」 참고.

도 좋아했을 것이다.

유가, 묵가, 도가가 다 좋아하니 대동의 사회는 얼마나 훌륭한 사회인가!

표면적으로는 그렇다.

그런데 하나라 이후 중국은 소강 사회로 접어들었다. 이때부터 사람들은 자기 부모만 사랑하고 자기 자식만 아꼈으며 재산을 사유화하고 지위를 세습했다. 따라서 성을 쌓고, 예의를 정하고, 영토를 나누고, 충성스러운 신하를 기른 것은 그렇게 하지 않으면 재산을 보호하고 사회적 관계를 제어하기가 힘들었기 때문이다. 그러면 그 결과는 어땠을까?

음모와 전쟁이 생겨났다.

그렇다면 소강이 대동보다 훨씬 못한 것일까?

꼭 그렇지는 않다.

대동은 무엇이며 소강은 무엇일까? 유가의 견해에 따르면 전자는 '천하위공天下爲公'이고 후자는 '천하위가天下爲家'다. 천하위공은 천하가 모든 사람의 것이라는 뜻이며 천하위가는 천하가 가족 혹은 가문의 것이라는 뜻이다. 나아가 천하가 모든 사람의 것이라는 인식은 '공유公有'를 뜻하고 이와 반대되는 것은 당연히 '사유'(개인의 소유)지만 중국에서는 역대로 '가유家有'(가족이나 가문의 소유)만 존재했다. 이것은 중국식 소유제의 핵심적인 부분이다.

그러면 공유에서 가유로 바뀐 것은 무엇일까?

재산과 권력이다.

그래서 소강 사회의 양대 특징은 첫 번째가 재산의 가유이며 두 번째는 지위의 세습이다. 실제로 재산과 지위가 모두 가문 안에서 대물림되었다. 이것을 일컬어 가문의 천하, 즉 '가천하家天下'라고 하며 여기에서 나온 것이 '가국일체家國一體'의 제도다. 성을 쌓고 예의를 정한 것은 부수적인 조치에 불과하다.

하지만 그 부수적인 조치가 어떤 비밀을 드러낸다.

소강 사회는 곧 문명 시대였다.

문명의 지표는 국가이며 국가의 지표는 도시다. 따라서 소강의 시대에 성을 쌓았다는 것은 야만에서 문명으로의 전환을 시사한다.

그것은 일종의 진보였다.

진보에는 대가가 뒤따른다. 엥겔스가 말한 대로 문명의 장막은 가장 천박한 이익과 가장 비열한 수단에 의해 걷힐 수밖에 없다. 그래서 문명을 위하여 인류는 도덕적 타락이라는 대가를 지불해야만 했다.[42]

그러나 도가는 그렇게 생각하지 않았다. 노자는 아래와 같이 말했다.

도를 잃은 뒤에 덕이 나타났고, 덕을 잃은 뒤에 인이 나타났고, 인을 잃 **082**

---

42 엥겔스의 『가족, 사유재산, 국가의 기원』 참고.

은 뒤에 의가 나타났고, 의를 잃은 뒤에 예가 나타났다. 무릇 예라는 것은 성실과 믿음이 빈약해 어지러움의 시초다. 失道而後德, 失德而後仁, 失仁而後義, 失義而後禮; 夫禮者, 忠信之薄, 而亂之首.[43]

위의 말이 뜻하는 바는 분명하다. 도덕이 일단 타락하기 시작하면 제동을 걸 수 없다는 것이다. 사실 유가도 "대도大道가 행해졌을 때 천하는 모든 사람의 것이었다大道之行也, 天下爲公"라고 인정했다. 천하가 가문의 것이 된 것은 "대도가 이미 숨어버렸기大道旣隱" 때문이다. 그래서 전자는 대동, 후자는 소강이라고 불렸다. 하나는 크고 하나는 작으니 그 우열이 뚜렷하게 구분된다.

더 심각한 것은 노자의 말이 허언이 아님을 역사가 증명했다는 사실이다.

그렇다. 대동은 '도의 시대'였고 소강은 '덕의 시대'였다. 도를 잃은 뒤에 덕이 나타났으므로 주공은 덕을 중시했고 덕을 잃은 뒤에 인이 나타났으므로 공자는 인을 중시했다. 인을 잃은 뒤에는 의가 나타났으므로 맹자는 의를, 의를 잃은 뒤에는 예가 나타났으므로 순자는 예를 중시했다. 그리고 순자의 시대에 이르러서는 모든 것이 이미 돌이킬 수 없이 엉망진창이 돼버렸다.

덕으로 나라를 다스리고 인으로 세상을 구제하는 것도 차례로 실패하여 남은 방법은 도의 시대로 돌아가는 것밖에 없는 듯했다. 그러

---

43 『노자』 제38장 참고.

나 대동의 세상이 정말 그렇게 좋았을까? 요, 순, 우는 음으로 양으로 권력 투쟁을 벌였고 황제, 염제, 치우는 너 죽고 나 살자 식의 혈투를 서슴지 않았다.

물론 그보다 앞선 여화나 복희의 시대에는 확실히 계급투쟁도, 음모와 계략도, 대규모 살상 병기도 없었다. 하지만 동시에 먹을 것도, 입을 것도, 쓸 만한 것도 없었다. 대동 사회에서는 왜 길에 물건이 떨어져 있어도 주워가는 사람이 없고 집집마다 밤에 문을 안 잠가도 됐을까? 물자가 모자라서 아예 훔칠 만한 것이 없었기 때문이다.

그런 시대로 다시 돌아가고 싶었겠는가?

또한 혹시 돌아가고 싶었더라도 돌아갈 방법이 있었을까?

법가는 돌아갈 수 없다고 생각했다. 대동은커녕 소강도 이미 지나가버려 다시는 회복할 수 없다고 보았다. 그들이 보기에는 단지 세상을 안정적으로 다스릴 수만 있어도 성공이었다. 그러면 누가 다스릴 것인가? 군왕이 다스리는 것이 옳았다. 또한 어떻게 다스릴 것인가? 법에 따라 다스려야 했다. 어쨌든 대도가 이미 사라졌으니 이제 도를 논하기보다는 술수術를 논하는 것이 온당했다.

그러나 유가는 그렇게 생각하지 않았다. 대도는 사라졌어도 아직 중도中道는 있을 수 있다는 것이 그들의 생각이었다. 중도는 곧 소강이며 인정仁政(어진 정치)이고 왕도王道였다. 그것은 중급의 도, 중용의 도이기도 했다. 그러나 다른 세 학파는 저마다 다른 선택을 했다. 예를 들어 묵자는 상동上同(단계적으로 윗사람의 사상과 의견에 절대적으로 복종하는 것)을, 한비는 실군實君(실권을 쥔 절대군주)을 주장했는데 그 귀결점은 군권만 있고 민권은 없는 사회였다. 그리고 장자의 무군無君과 노자의 허군虛君(백성들이 그 존재 여부를 의식 못하는 무위의 군주)의 결론은 군권과 민권이 다 없는 사회였다.

그러면 어떤 사회가 군권과 민권을 겸비할 수 있을까? 바로 소강 사회다. 이 문제에 관해 공자는 남긴 말이 많지 않다. 훨씬 더 많은 말을 남긴 사람은 맹자다.

따라서 이제 맹자의 이야기를 들어보기로 하자.

맹자는 양 혜왕에게 말했다.
"지금 대왕의 주방에는 살진 고기가 가득하고 마구간에는 준마가 있는데,
백성들은 굶주린 기색이 있고 들에는 굶어죽은 시체가 널렸습니다.
이것은 짐승들을 몰아다가 사람들을 잡아먹게 하는 것이나 다름없으니,
이런 상황을 초래한 사람이 백성들의 부모가 될 자격이 있습니까?"

제3장

군권, 민권, 인권

국왕연수반

민권이 없으면 혁명을 하라

당신의 왕관을 지키십시오

인치는 비밀경찰을 낳는다

털 한 가닥도 손해 보지 말아야 한다

인권선언

국왕연수반

마릉 전투馬陵之戰(기원전 341년, 제나라의 손빈孫臏이 위나라의 방연龐涓을 격파한 역사적 전투)가 있은 지 5년 뒤, 맹자는 위나라에 갔다.

당시 위나라는 대량大梁으로 수도를 옮긴 뒤여서 위 혜왕惠王은 양 혜왕이라고도 불렸다. 양 혜왕은 전국칠웅戰國七雄 중에서 초나라를 제외하고(중원의 국제관계에서 비교적 자유로웠던 남방의 초나라는 이미 춘추 시대부터 왕이라 칭했다) 첫 번째로 왕이라 칭했다. 그만큼 위나라는 국력이 강한 나라였다. 그러나 5년 전, 제나라의 손빈에게 패했고 그 이듬해에는 진나라의 상앙에게 또 패했다. 이 때문에 양 혜왕은 무척 초조한 상태였다.

그래서 맹자가 찾아왔을 때, 양 혜왕은 대뜸 이렇게 물었다.

"선생께서 천리 길을 마다 않고 이렇게 찾아주신 것은 장차 과인의 나라에 이익을 주시려고 함이 맞지 않소?"

그러나 맹자는 반박했다.

"왕이시여, 왜 하필 이익을 말씀하십니까? 인의를 말씀하셔야 옳습니다."[1]

양쪽의 생각이 달라도 한참 달랐다.

그것은 당연한 일이었다. 당시 양 혜왕은 "세 차례에 걸쳐 병사들을 잃고 태자가 포로가 되었으며 상장군이 전사하고 나라가 텅 비어버린" 것을 만회하는 데만 관심이 쏠려 있었다. 그러니 늙은이가 느릿느릿 인의에 관해 늘어놓는 이야기를 들어줄 틈이 있었을 리 없다.[2]

양 혜왕은 실질적인 조언이 필요했지만 맹자는 그런 말을 해줄 마음이 없었다.

그러나 맹자는 어쨌든 입을 열지 않을 수 없었다.

그것은 그의 사명이었다.

맹자는 사명감이 투철한 인물이었다. 언젠가 그는, 하늘이 만민을 낳을 때 "먼저 안 사람으로 하여금 나중에 안 사람을 깨우치게 하고 먼저 깨달은 사람으로 하여금 나중에 깨달은 사람을 깨우치게使先知覺後知, 使先覺覺後覺" 했으니 이는 자신 같은 사회의 엘리트들이 백성들을 인도하고 가르치게 한 것이라고 두 번이나 말한 바 있다.[3]

그렇다. 맹자는 천하를 태평하게 다스리려 한다면 "지금 이 세상에서 나 말고 누가 있겠는가當今之世, 舍我其誰也!"라고 생각했다.[4]

그래서 맹자는 '국왕연수반'을 꾸려 그들에게 왕도와 어진 정치를

1 『맹자』 「양혜왕 상」 참고.
2 『사기』 「위세가魏世家」 참고.
3 맹자는 이 말을 두 번 했다. 한 번은 「만장萬章 상」에, 다른 한 번은 「만장 하」에 나타난다.
4 『맹자』 「공손추公孫丑 하」 참고.

가르치려 했다. 이 연수반은 맨 처음 제나라에 개설되었으며 학생은
제 선왕宣王이고 수업 방식은 대화였다.

어느 날, 맹자는 제 선왕과 음악에 관해 이야기했다.

"대왕이 음악을 좋아하신다고 들었는데 정말 그렇습니까?"

선왕은 금세 얼굴이 붉어졌다. 왜냐하면 그가 좋아한 음악은 고전
음악이 아니라 유행가였기 때문이다. 그것은 귀족으로서 체면이 깎이
는 일이었다.

맹자는 말했다.

"유행가를 좋아한다고 해서 나쁠 것은 없습니다. 음악은 다 같은
것이니까요. 그런데 소신이 한 가지 여쭤보고 싶은 것이 있습니다. 대
왕은 음악을 감상하면서 혼자 즐기십니까, 다른 사람과 함께 즐기십
니까?"

"당연히 다른 사람과 함께 즐기오."

맹자는 또 물었다.

"몇 명과 함께 즐기십니까, 많은 사람과 함께 즐기십니까?"

"당연히 많은 사람과 함께 즐기오!"

"좋습니다. 만약 전국의 백성들과 함께 즐긴다면 그보다 즐거운 일
이 어디 있겠습니까? 백성들과 즐거움을 함께 하는 것, 그것이 바로
왕도입니다!"

이번에는 제 선왕이 맹자에게 물었다.

"왕도와 어진 정치는 어떻게 실행해야 하오?"

"주나라 문왕文王 때처럼 백성들의 부담을 줄여주고 각종 정책을 완화시키며 약자들에게 관심을 쏟아주면 됩니다."

"참으로 훌륭한 말씀이오."

"훌륭하다고 생각하시면서 왜 실행하지는 않으십니까?"

"과인은 재물을 좋아하는 병이 있소."

"그게 무슨 관계입니까? 대왕이 재물을 좋아하시되 백성들과 함께 좋아하신다면 안 될 게 뭐가 있겠습니까?"

선왕은 또 말했다.

"과인은 여색을 좋아하는 병도 있소."

"그게 무슨 관계입니까? 대왕이 여자를 좋아하시되 백성들과 함께 좋아하신다면 안 될 게 뭐가 있겠습니까?"[5]

제 선왕은 할 말이 없었지만 맹자의 말대로 하지는 않았다.

맹자는 어쩔 수 없이 양 혜왕을 가르치러 떠났다.

그러나 양 혜왕은 더 말이 안 통했다. 생각해보라. 당시 진나라는 상앙을, 초나라는 오기吳起를, 제나라는 손빈을 등용했다. 그 결과는 어땠나? 부국강병을 이뤄 패배를 승리로 바꾸었다. 이런 일을 맹자가 할 수 있었을까? 할 수 없었다. 그러나 양 혜왕은 희망을 버리지 못하고 그의 말에 귀를 기울였다.[6]

091　맹자가 양 혜왕에게 물었다.

---

5 『맹자』 「양혜왕 하」 참고.
6 『사기』 「맹자순경열전」 참고.

"방망이로 사람을 죽이는 것과 칼로 사람을 죽이는 것이 차이가 있습니까?"

"없소."

맹자가 또 물었다.

"칼로 사람을 죽이는 것과 정치로 사람을 죽이는 것이 차이가 있습니까?"

"역시 없소."

"지금 대왕의 주방에 살진 고기가 가득하고 마구간에 준마가 있는데, 백성들은 굶주린 기색이 있고 들에 굶어죽은 시체가 있다고 해봅시다. 이것은 무엇을 뜻합니까? 짐승들을 몰아다가 사람을 잡아먹게 하는 것이나 다름없습니다! 짐승들이 서로 잡아먹는 것조차 사람들은 혐오하는데 나라의 정치를 주재하면서 짐승들을 몰아다가 사람을 잡아먹게 한다면 백성들의 부모가 될 자격이 있겠습니까?"[7]

이것은 수업이 아니라 그야말로 훈계다.

맹자는 왜 그렇게 국왕을 혼냈던 것일까?

설마 혁명이라도 일으키려 했던 걸까?

어쩌면 그랬을지도 모른다.

---

7 『맹자』「양혜왕 상」 참고.

민권이 없으면
혁명을 하라

맹자는 확실히 혁명가의 면모가 있었다.

한번은 제 선왕이 그에게 이런 질문을 했다.

"옛날에 무왕武王이 주왕紂王을 토벌했다던데 정말 그런 일이 있었소?"

"사서에 그런 기록이 있습니다."

제 선왕은 또 물었다.

"신하가 그렇게 임금을 시해해도 괜찮소?"

맹자는 결연한 어조로 답했다.

"인仁을 해치는 자를 사악하다고 하고 의義를 해치는 자를 잔학하다고 하며 사악하고 잔학한 자는 독부獨夫(민심을 잃은 폭군)라고 합니다. 저는 독부인 주를 타도했다고 들었을 뿐 임금을 시해했다는 말은 듣지 못했습니다."8

8 『맹자』「양혜왕 하」참고.

또 한 번은 추 목공鄒穆公이 어려운 문제에 부딪쳐 맹자에게 답을 구했다.

"일전에 우리와 노나라 사이에 충돌이 생겨 과인의 관리가 33명이나 죽는데도 백성들은 보고만 있었소. 과인은 이 일 때문에 지금 진퇴양난이오. 보고도 못 본 척한 그 자들을 죽이자니 숫자가 너무 많고 안 죽이자니 화를 삭일 길이 없구려. 선생, 과인이 어떻게 해야 좋겠소?"

이때 맹자가 남의 불행을 고소해할 줄은 누구도 몰랐을 것이다. 그는 아래와 같이 말했다.

"그것 참 통쾌하군요. 평소에 백성들에게 잘했으면 그런 일이 있었겠습니까? 이번에 백성들이 앙갚음할 기회를 잡았군요."[9]

어지간한 반골이 아니면 감히 할 수 없는 말이다.

그런데 맹자는 왜 이런 말을 했을까?

민권이 군권보다 높다고 생각했기 때문이다. 이에 관해 맹자는 이런 말을 남겼다.

백성이 귀하고 사직은 그 다음이며 군왕은 대단치 않다民爲貴, 社稷次之. 君爲輕.[10]

다시 말해 민권이 첫 번째, 정권은 두 번째, 군권은 세 번째라는 말 094

---

9 『맹자』「양혜왕 하」 참고.
10 『맹자』「진심盡心 하」 참고.

이다. 군왕은 높은 자리에서 부유한 생활을 누리고 유일무이한 존재로서 "하늘에는 두 개의 해가 없고 백성들에게는 두 명의 왕이 없다天無二日, 民無二王."[11] 하지만 그는 자격미달일 경우에는 그런 존엄함을 누리지 못하고 백성들도 혁명을 일으킬 권리를 갖는다.

이것 역시 국왕연수반의 교과 내용이었다.

맹자는 제 선왕에게 이런 질문도 던졌다.

"누가 외지에 나가기 전, 아내와 아이를 친구에게 맡겼는데 돌아와서 보니 아내와 아이가 굶주리고 있었습니다. 이런 친구를 어떻게 해야 합니까?"

"절교해야 하오."

맹자는 또 물었다.

"장관이 부하들을 잘 관리하지 못하면 어떻게 해야 합니까?"

"파면해야 하오."

맹자가 다시 물었다.

"한 나라가 제대로 다스려지지 않으면 또 어떻게 해야 합니까?"

제 선왕은 좌우의 시종들을 돌아보며 딴말을 했다.[12]

하지만 맹자는 아직 기회가 있었다.

또 어느 날, 제 선왕이 그에게 물었다.

"경卿에도 구별이 있소?"

"구별이 있습니다. 군왕과 한집안인 경이 있고 성이 다른 경이 있습

---

11 『맹자』「만장 상」참고.
12 『맹자』「양혜왕 하」참고.

니다. 하지만 그들의 직책은 똑같습니다. 군왕이 큰 과오를 저지르면 못하게 말리는 것입니다. 만약 계속 말려도 안 고치면 조치를 취해야 합니다."

선왕은 물었다.

"한집안인 경은 어떤 조치를 취하오?"

"왕을 폐위합니다."

이 말을 듣자마자 선왕은 안색이 싹 바뀌었다. 이에 맹자는 말했다.

"대왕께서는 긴장하지 않으셔도 됩니다. 대왕께서 소신에게 물어본 것인데 소신이 감히 바른 말을 안 할 수 있겠습니까?"

이치대로라면 확실히 그랬다. 그제야 선왕은 안색이 정상으로 돌아와 또 질문을 던졌다.

"성이 다른 경은 어떻소?"

"그냥 훌쩍 떠나버립니다."[13]

의문의 여지없이 맹자는 군주제를 반대한 적도 없고 군신관계가 평등해야 한다고 생각지도 않았다. 하지만 그는 공자와 마찬가지로 평등이 아니라 대등을 중시했다. 대등은, 내게 의무가 있으면 다른 사람에게도 의무가 있고 내게 권리가 있으면 다른 사람에게도 권리가 있다는 식의 개념이다. 이 개념에 따르면 모든 사람이 예의상 서로 주고받는 것을 중시하고 누구도 타인을 능멸해서는 안 된다. 공자의 말을 빌려 예를 든다면 바로 "군주는 예로써 신하를 부리고 신하는 충 **096**

성으로 군주를 섬긴다君使臣以禮, 臣事君以忠"[14]이다. 이럴 때 군주와 신하는 평등하지는 않지만 대등하다.

그런데 맹자는 이를 상당히 직설적으로 표현했다.

군주가 신하를 자기 수족처럼 여기면 신하는 군주를 자신의 배나 심장처럼 여기고, 군주가 신하를 개나 말 같이 여기면 신하는 군주를 보통 사람처럼 여기고, 군주가 신하를 흙이나 지푸라기처럼 여기면 신하는 군주를 원수처럼 여긴다. 君之視臣如手足, 則臣視君如腹心; 君之視臣如犬馬, 則臣視君如國人; 君之視臣如土芥, 則臣視君如寇仇.[15]

한마디로 상대가 나를 잘 대접하면 나도 상대를 잘 대접하고 상대가 나를 무시하면 나도 상대를 적대시한다는 뜻이다.

따라서 상대가 불인不仁하면 내게서 의롭지 못한 일을 당해도 탓할 자격이 없다.

그런데 이것은 기껏해야 반목과 불화에 그칠 뿐인데 왜 혁명을 해야 한다는 것일까?

더 중요한 것은, 왜 백성들에게 혁명을 일으킬 권리가 있다는 것일까?

왜냐하면 군권은 민권에서 비롯되기 때문이다.

097   한번은 제자 만장萬章이 맹자에게 물었다.

---

14 『논어』「팔일」 참고.
15 『맹자』「이루離婁 하」 참고.

"요가 천하를 순에게 물려주었다고 들었는데 그런 일이 있었습니까?"

"그런 일은 없었다. 누구도 천하를 다른 사람에게 물려줄 수 없다."

"그러면 순의 권력은 누가 준 것입니까?"

"하늘이 내렸다."

만장이 또 물었다.

"하늘은 권력을 내릴 때 당부와 훈계를 합니까?"

맹자는 말했다.

"그렇지 않다. 하늘은 말이 없다. 하지만 하늘은 백성들의 반응을 살핀다. 백성들이 마음에 들어 하는 사람에게 권력을 내린다. 따라서 천자의 권력은 하늘과 백성들이 함께 부여한 것이다."[16]

그렇다. 이중의 수권授權 혹은 공동의 수권인 것이다.

이것은 빼어난 견해다.

더 빼어난 것은 맹자가 『상서尙書』 「태서泰誓」에서 인용한, "하늘은 우리 백성들이 보는 것을 따라서 보고 우리 백성들이 듣는 것을 따라서 듣는다天視自我民視, 天聽自我民聽"라는 말이다. 이렇다면 하늘과 백성의 공동의 수권은 실질적으로 백성의 수권이다.

여기까지 이야기된 것만으로도 맹자의 견해가 얼마나 위대한지 알 수 있다.

우리는 한 국가나 정권이 민주주의적인지 아닌지 판단하려면 무엇 **098**

보다도 수권의 주체를 살펴야 한다는 것을 알고 있다. 정권의 권력을 민중이 부여했으면 민주제 국가이며 신이 부여했으면 군주제 국가이고 스스로 부여했으면 전제 국가이다. 아예 수권 자체를 문제 삼지 않는다면 마피아보다 못한 국가다.

하지만 주나라인이 "군권은 하늘이 내렸다君權天授"는 관념을 확립한 이후 수권의 문제를 논의한 사람은 더 이상 없었다. 이 문제를 다시 제기하고 수권의 주체를 하늘과 백성으로 규정했을 뿐만 아니라 "군권은 명분상으로는 하늘이 부여하지만 실질적으로는 백성이 부여한다名爲天授, 實爲民授"고까지 말한 사람은 맹자가 처음이자 유일하다.

그러나 고대 중국의 민주주의 전통은 이 정도로 그쳤다.

군권이 민권에서 비롯되었으므로 민권이 군권보다 높다는 것은 맹자의 사상이면서 맹자와 다른 학파들의 구별점이다. 노자와 장자는 군권을 부정했고 민권도 대수롭지 않게 여겼다. 그리고 묵자와 한비는 중앙집권을 주장했으므로 군권이 민권보다 높다고 여겼다.

먼저 한비를 살펴보자.

당신의 왕관을
지키십시오

사실 한비도 '국왕연수반'을 운영했다.

학생들 중에는 양 혜왕도 있었다.

물론 한비가 태어났을 때는 양 혜왕은 이미 죽고 없었으므로 한비가 직접 혜왕을 가르치는 것은 불가능했다. 혜왕을 가르친 사람은 복피卜皮였다.

복피도 법가였다.

양 혜왕이 그에게 물었다.

"선생은 각지를 돌아다녀 보고 들은 것이 많다고 들었소. 혹시 과인의 명성이 어떠한지 알고 계시오?"

"자애롭고 은혜로운 분이라는 얘기를 들었습니다."

양 혜왕은 기분이 좋아져서 득의양양한 어조로 또 물었다.

"그러면 과인은 어느 정도로 자애롭고 은혜롭소?"

"거의 나라가 망할 정도입니다."

양 혜왕은 깜짝 놀랐다.

"자애롭고 은혜로운 것은 미덕이 아니오? 그런데 어째서 나라가 망한다는 거요?"

복피는 말했다.

"자애로우면 남의 고통을 차마 못 보고 은혜로우면 베풀기를 좋아합니다. 그 결과가 어떻겠습니까? 틀림없이 죽일 사람을 못 죽이고 상을 주지 말아야 할 사람에게 상을 주게 돼 있습니다. 그러면 나라가 안 망할 리가 있겠습니까?"[17]

이 이야기가 실화인지 허구인지는 알 수 없지만 한비는 자기 교재에 넣어 각국의 국왕들에게 가르쳤다. 다만 한비의 교과 내용은 맹자와는 반대였다. 맹자는 왕도를 논했지만 한비는 패도를 논했고 나아가 패도의 횡행을 이야기했다.

왜 패도의 횡행에 관해 얘기했을까?

사회의 풍조가 그랬고 시대정신도 그랬기 때문이다.

한비는 말했다.

"어느 해에 제나라가 노나라를 정벌했다. 노나라는 공자의 제자 자공을 보내 외교적인 조정을 꾀했다. 그런데 자공이 청산유수로 한참을 이야기했는데도 제나라인은 한마디로 그를 돌려보냈다. 제나라인은 말하길, '선생의 말씀은 확실히 훌륭합니다. 하지만 우리는 영토를

---

17 『한비자』「내저설內儲說 상」 참고.

빼앗으러 온 것인데 훌륭한 말이 무슨 소용이 있습니까?'라고 했다."

결국 제나라는 노나라 도성 십 리 앞까지 진출해 국경선을 그었다. 이것이 패도의 횡행이 아니면 무엇이겠는가?

그래서 한비는 또 말했다.

"실없이 무슨 인의도덕이나 겸애 따위를 이야기하지 마라. 그런 얘기를 하는 사람은 불행을 면치 못할 것이다. 왜냐하면 시대가 변했기 때문이다."

그 변화는 한마디로 요약된다.

상고시대에는 도덕으로 겨루었고 중세에는 지혜와 꾀를 쫓았으며 지금은 힘을 다툰다上古競於道德, 中世逐於智謀, 當今爭於氣力.[18]

인간관계든 국제관계든 모두가 이익관계인 것은 분명하다. 다만 그 이익을 옛날에는 예의와 사양으로 얻었고 나중에는 교묘한 수단으로 취했으며 지금은 힘으로 빼앗게 되었을 뿐이다.

이처럼 누구나 이익을 쫓아 체면을 내던진 마당에 구태여 다시 사실을 숨기고 외면할 필요는 없다.

군신관계도 마찬가지다.

우리는 유가가 군신을 부자로, 방국邦國을 형제로 간주했음을 알고 있다. 한비는 이를 통렬히 비웃었다. 임금과 신하가 부자처럼 친해야 **102**

18 「한비자」 「오두」 참고.

한다고? 진짜 부자, 진짜 형제도 안 친한 경우가 많지 않은가?[19] 예컨대 제 환공桓公은 자신의 친형을 살해한 바 있다.[20] "군주는 너그럽고 신하는 충성스러워야 하며 부모는 자애롭고 자식은 효성스러워야 한다"는 식의 덕목이 과연 쓸모가 있을까?

쓸모가 없다.

그러면 무엇이 쓸모가 있을까?

바로 이익이다. 군주의 가장 큰 이익은 패권이며 신하의 가장 큰 이익은 부귀영화다. 양쪽이 협조 관계를 맺어 각자의 이익을 극대화하면 그만이지 서로 사랑하고 사랑하지 않는 것이 무슨 의미가 있단 말인가?

그래서 한비는 이런 결론을 도출했다.

군주가 어질지 않고 신하가 충성스럽지 않아야만 패왕이 될 수 있다君不仁, 臣不忠, 則可以覇王矣.[21]

맹자가 알았으면 기절초풍할 말이 아닐 수 없다.

하지만 이 말에는 문제가 있다.

무슨 문제일까?

만약 신하가 자기 자리에 만족하지 않고 군주가 되려고 하면 어떻게 해야 할까?

103

---

19 『한비자』「내저설 하」참고.
20 『한비자』「난사難四」참고.
21 『한비자』「육반六反」참고.

이것은 충분히 있을 수 있는 일이다. 하늘 아래 가장 큰 이익은 역시 군주가 되는 것이기 때문이다. 그래서 신하가 군주를 시해하고 자식과 동생이 아버지와 형의 지위를 찬탈하는 일이 사서에 끊이지 않고 기록되었다. 춘추 시대부터 전국 시대까지는 더더욱 그런 사건이 비일비재했다. 제후들은 실로 어떻게 자신의 왕위를 지킬지 몰라 전전긍긍했다.

이와 관련해 한비는 방법이 있었을까?

있었다. 그 방법은 '양면삼도兩面三刀'였다.

이른바 '양면'이란 상과 벌 혹은 덕과 형벌刑을 가리킨다. 한비는 이를 두 개의 자루, 즉 '이병二柄'이라고도 불렀다. 이것은 당연히 쓸모가 있다. 사람들은 누구나 이익을 좇고 손해를 피하며 덕과 형벌은 각기 이익에 의한 유혹과 위협이기 때문이다. 여기에는 단맛도 있고 쓴맛도 있으며 관대한 면모와 몰인정한 면모도 있어서 '양면'이라고 한다.[22]

한편 '양면'과 짝을 이루는 '삼도'는 세勢, 술術, 법法이다. 세는 위세이고 술은 권모술수이며 법은 법규다. 이 중에서 위세는 전제인 동시에 기초다. 한비는 이에 관해 명확하게 설명했다. 비룡과 등사騰蛇(날개 달린 뱀)는 일단 땅에 떨어지면 지렁이나 개미와 별로 다르지 않다고 했다. 이로부터 권력과 위세야말로 의지할 만한 것이며 다른 것은 의지할 만한 것이 못 됨을 알 수 있다.[23]

104

22 『한비자』「이병」 참고.
23 『한비자』「난세難勢」 참고.

권위가 생기면 그것을 사용할 줄 알아야 한다. 어떤 식으로 사용할까? 권세로 위엄을 세우고 권모술수로 신하를 상대하며 법규로 백성들을 제어한다. 이 세 가지는 모두 군주의 손에 들린 지휘도다.

한비의 통치술은 밝은 면과 어두운 면을 갖고서 부드러운 방책과 강한 방책을 아우르는 듯하다. 형벌은 공개적이고 강한 통제이며 권모술수는 은밀하고 부드러운 통제다. 또한 군주에게 권모술수가 없으면 남에게 속박을 받으며 백성에게 법규가 없으면 윗사람에게 반항하고 난을 일으킨다고 했다.[24]

그런데 권모술수와 법규는 둘 다 통제의 수단이기는 해도 사용법이 각기 다르다. 권모술수로는 관리를 상대하며[25] 법규로는 백성들을 상대한다.[26] 그래서 권모술수는 마음속에 감춰둬야 하고 법규는 백성들에게 공개해야 한다. 실제로 한비의 법은 백성들의 머릿속에 입력하는 프로그램이었다. 이 프로그램이 입력되면 그들은 자동적으로 일개미가 될 운명이었다.

한비는 이런 식으로 개미 사회를 계획했다. 그 사회에는 군권만 있고 민권은 없었다. 한비의 마음속에는 민권이라는 두 글자가 아예 존재하지 않았다. 그의 봉사 대상은 오직 한 사람, 군주밖에 없었으며 그는 군주에게 "당신의 왕관을 지키십시오!"라는 한 마디밖에 하지 않았다.

105   유일한 군주, 지고무상한 군권, 이것이 바로 법가의 주장이었다.

---

24 『한비자』「정법定法」참고.
25 『한비자』「난삼難三」참고.
26 『한비자』「유도有度」참고.

이런 주장은 묵가도 찬동하지 않았을까?

아마 그러지는 않았을 것이다.

인치는
비밀경찰을 낳는다

다음 세상에 태어나도 묵자는 한비의 주장에 찬성하지 않을 것이다.

이것은 어렵지 않게 추측할 수 있다.

언젠가 묵자는 제나라의 태왕太王 전화田和에게 이런 질문을 했다.

"지금 여기에 칼 한 자루가 있고 그것으로 시험 삼아 사람 목을 베는데 단번에 잘렸으면 예리한 겁니까?"

전화가 예리하다고 답하자 묵자는 또 물었다.

"여러 사람의 목을 베는데도 계속 단번에 잘렸으면 예리한 겁니까?"

이번에도 전화는 예리하다고 답했고 묵자는 또 물었다.

"칼이 예리하다면 누가 사람을 죽인 응보를 받아야 합니까?"

"그 칼을 시험한 사람이 받아야 하오."

그래서 묵자는 마지막으로 물었다.

"남의 나라를 빼앗고 그들의 군대를 멸하고 또 그들의 백성을 죽인다면 누가 그 응보를 받아야 합니까?"

전화는 고개를 숙였다 들었다 생각하다가 말했다.

"내가 받아야 하오."[27]

묵자가 이 이야기를 한 것은 물론 자신의 반전과 겸애의 사상을 선전하기 위해서였다. 그런데 그가 말한 이치는 보편성이 있으니, 그것은 곧 함부로 칼부림을 해서는 안 된다는 것이다. 병기는 흉기이므로 그것을 쓰는 것은 불길하다. 칼을 쓴 사람은 위험하며 칼을 제공한 사람도 위험하다. 하물며 '양면삼도'를 쓰거나 제공하는 사람은 더더욱 그러하다!

따라서 법가는 묵가의 눈에 들기는 힘들었을 것이다.

실제로 묵가와 법가는 본질적인 차이가 있었다. 법가는 군주를 위해 일을 도모했고 묵가는 천하를 위해 일을 도모했다. 묵자의 중심 사상을 한마디로 요약하면 "천하의 이익을 일으키고 천하의 해로움을 없애는 것興天下之利, 除天下之害"[28]이다. 이런 사상가라면 민권을 옹호하는 것이 맞다. 이런 사상가가 민권에 무심한 것은 상식적으로 이해하기 어렵다.

그러나 애석하게도 묵자는 후자에 가까웠다.

물론 묵자는 민권이 불필요하다고 말한 적은 없다. 당연히 공개적으로 전제정치를 주장한 적도 없다. 나아가 자신의 이념과 실천이 결 **108**

국 독재를 초래할 것이라는 생각은 절대로 하지 않았을 것이다. 하지만 그가 자신의 조직을 개미 사회로 변질시킨 것은 누구도 부인할 수 없는 사실이다. 그렇다면 개미 사회도 민권사회가 될 수 있을까? 그런 조직 구조 속에서도 일개미가 시민권을 가질 수 있을까?

당연히 그럴 수 없다. 그러면 묵자는 왜 그랬을까?

이유는 간단하다. 묵자는 유가와 법가처럼 질서정연한 사회를 지향했기 때문이다. 다만 질서를 지키는 방법으로 유가는 예를, 법가는 법을 내세웠지만 묵자는 어떤 사람의 역할에 기대를 걸었다.

그 사람은 바로 리더였다.

묵자는 리더의 역할이 중요하다고 보았다.

묵자는, 태초에는 정치제도도 없고 리더도 없었다고 말했다. 그래서 저마다 자기 주장이 있어 두 사람이 있으면 두 사람의 주장이, 열 사람이 있으면 열 사람의 주장이 있었다. 이처럼 사람이 많을수록 생각도 많아져서 모두가 자기가 옳고 다른 사람은 틀리다고 주장해 서로 공격과 비판을 일삼는 바람에 "천하가 짐승들의 사회처럼 어지러웠다天下之亂, 若禽獸然."[29]

리더가 없으면 이런 심각한 결과가 초래된다고 묵자는 생각했다.

따라서 사회의 문제에는 두 가지 원인이 있음을 알 수 있다. 하나는 서로 사랑하지 않는 것이며 또 하나는 리더의 부재다. 서로 사랑하지 않으면 싸움이 생기는데, 이것은 인도주의가 없기 때문이다. 그

29 『묵자』「상동 상」참고.

리고 리더가 없으면 사회가 어지러워지는데, 이것은 통일된 의지가 없기 때문이다.

이 때문에 묵자는 두 가지 처방전을 제시했다. 서로 사랑하지 않는 것을 겨냥해서는 겸애를, 리더의 부재를 겨냥해서는 상동을 주장했다.

상동의 의미는 앞에서 이미 설명한 바 있다. 촌의 백성들의 의견은 촌장이 통일하고, 향의 백성들의 의견은 향장이 통일하며 모든 백성의 의견은 천자가 통일한다. 이로써 모든 이의 의지가 통일되어 천하가 질서정연해진다.

묵자는 이것이 곧 정치의 기원인 동시에 정치의 의미라고 생각했다. 정치는 뛰어난 리더가 모든 사람의 의지를 통일하는 행위라는 것이다.

이런 정치는 당연히 인치人治(법과 제도보다는 지도자의 역량에 의지하는 정치)다.

문제는 여기에서 비롯된다.

묵자는 인류에게 정부가 필요한 것은 의지를 통일하기 위해서이며 천자가 필요한 것은 사상을 통일하기 위해서라고 말했다. 그런데 여기에는 반드시 정부는 언제나 정확하고 천자는 언제나 현명하며, 나아가 그들은 언제나 겸애의 주체라는 전제가 필요하다. 그렇지 않으면 그들은 아무 짝에도 쓸모가 없다.

그러면 이 전제는 옳다는 보장이 있을까?

묵자는 있다고 말했다. 왜냐하면 처음부터 천자가 그 기준에 따라 뽑혔기 때문이라는 것이다. 더구나 묵자의 말에 따르면 천자가 현명하고 유능하다는 것은 사실로도 증명되었다. 예컨대 어느 촌의 백성이 선행이나 악행을 했는지는 한 집안 사람들도, 마을 사람들도 다 알지 못하는데 고대의 현명한 천자는 훤히 파악하고 직접 명하여 상이나 벌을 내렸다. 그래서 사람들은 모두 "천자는 보고 듣는 것이 신령스럽다天子之視聽也神"[30]라고 말했다.

희한한 일이다. 그는 어떻게 그 모든 것을 다 안 것일까?

물론 그랬을 리는 없다.

묵자 자신도 말이 안 된다는 것을 알았다. 그래서 덧붙여 말하길, 그가 모르는 것이 없었던 것은 "다른 사람의 눈과 귀로 자신이 보고 듣는 것을 돕게 했기使人之耳目助己視聽" 때문이라고 했다. 다시 말해 몰래 정보를 고하는 사람이 있었다는 것이다.

그랬다면 당연히 이해가 된다. 하지만 더 묻고 싶은 것은, 과연 누가 천자에게 정보를 고했을까? 일반 백성이었을까? 그랬을 것 같지는 않다. 왜냐하면 앞에서 말한, "한 집안 사람들도, 마을 사람들도 다 알지는 못하는" 일들을 일반 백성이 알았을 리는 없기 때문이다.

답은 하나밖에 없다. 천자가 심은 스파이다.

이것은 두려운 일이 아닐 수 없다.

111

사실 일반 백성이 고발을 하는 것이 더 무시무시하다. 그러면 온 천하가 다 비밀경찰이기 때문이다. 그런 사회는 개미 사회보다 훨씬 못하다. 일개미는 멍청하기는 해도 비밀경찰 노릇은 하지 못한다.

이 지점에서 상앙이 다스리던 진나라를 떠올려보자. 그 사회도 모든 사람이 최고 지도자의 명령에 따르고 복종하던 사회였다. 다만 상앙과 상앙 이후의 진나라에서는 온 백성이 전사이고 경찰이었으며 묵자와 묵자가 계획한 세상에서는 온 백성이 비밀경찰이고 스파이였다. 어느 쪽이 더 무서울까?

둘 다 무섭다.

당연히 이런 사회 역시 민권을 중시할 리 없다. 또한 이것은 묵자의 본래 취지와 거리가 멀면서도 그의 논리의 필연적 귀결점이기도 하다. 왜냐하면 묵자는 사회의 공평과 정의를 목표로 삼았을 뿐 개인의 권리와 존엄성은 고려하지 않았으며, 개인의 권리와 존엄성이 없으면 사회의 공평과 정의도 없다는 것을 몰랐기 때문이다.

그러면 이 점을 생각한 사람이 있었을까?

있었다.

그는 바로 양주였다..

털 한 가닥도
손해 보지 말아야 한다

양주는 제자백가 중에서 가장 많이 오해를 받는 인물이다.

양주의 생애는 알려져 있지 않다. 다만 그가 묵자보다는 뒤에, 그리고 맹자보다는 앞에 살았으며 묵자만큼이나 영향력이 컸다는 추론만 가능하다.[31] 당시의 사상계는 온통 양주의 편이 아니면 묵자의 편이었다.[32] 공자는 거의 인기가 없었다.

그러면 양주의 주장은 무엇이었을까?

'일모불발一毛不拔', 즉 자신의 털 한 가닥도 손해 보지 않겠다는 것이었다.

일모불발이라는 사자성어는 원래 "털 한 가닥을 뽑아 세상을 이롭게 할 수 있어도 하지 않는다拔一毛而利天下, 不爲也"[33]라는 말에서 나왔다.

이 말은 확실히 꽤 충격적이어서 묵가로서는 더더욱 받아들이기가 힘들었을 것이다.

113

---

31 실제로 『묵자』에는 양주에 관한 언급이 없고 맹자는 양주와 묵자를 함께 논했기 때문에 양주는 묵자보다 뒤, 맹자보다 앞에 살았던 것으로 보인다.

32 『맹자』「등문공 하」 참고.

33 『맹자』「진심 상」 참고.

묵자는 천하를 위해서라면 분주히 돌아다니느라 다리의 털이 다 닳아 없어지는 것도 감수했다.[34] 그런데 양주는 천하에 이로운 일을 위해 털 한 가닥을 뽑는 것조차 거부했다.[35] 묵자는 털 한 가닥도 남기지 않았지만 양주는 털 한 가닥도 뽑지 않았다. 묵자는 전혀 자신을 위하지 않았지만 양주는 전혀 남을 위하지 않았다. 이처럼 첨예하게 대립되었으니 이른바 백가쟁명은 여기에서 시작되었다.

먼저 양주에게 도전한 사람은 묵자의 제자 금활리였다.[36]

이 제자는 앞에서 이미 등장한 바 있다. 그는 300명의 동료들과 함께 송나라의 도성을 지킨 묵가의 수제자다.

금활리가 양주에게 물었다.

"선생의 털 한 가닥을 뽑아 천하를 구할 수 있다면 뽑으시겠습니까?"

양주는 말했다.

"세상을 어찌 털 한 가닥으로 구할 수 있겠소."

"만약 구할 수 있다면 뽑으시겠습니까?"

양주는 그를 외면했다.

금활리는 밖으로 나가서 양주의 제자 맹손양孟孫陽에게 그 일을 이야기했다. 그러자 맹손양은 이렇게 말했다.

"당신들은 우리 선생님의 생각을 모르는군요. 그러면 제가 대신 말씀드리지요. 만약 누가 당신을 호되게 때리고 거액의 돈을 주겠다고 **114**

---

34 『장자』「천하」 참고.
35 『한비자』「현학顯學」 참고.
36 이 책에 인용한 양주의 사적과 주장은 출처를 밝힌 것 외에는 모두 『열자』「양주」에서 가져왔다. 많은 학자가 『열자』를 위서로 봤기 때문에 양주의 사상은 오랫동안 주목받거나 논의되지 못했다.

하면 그러겠습니까?"

"그러겠습니다."

맹손양이 또 물었다.

"그러면 당신의 다리 하나를 자르고 나라를 주겠다고 하면 그러겠습니까?"

금활리는 대답하지 못했다. 이에 맹손양은 말했다.

"피부와 비교하면 털은 하찮은 것입니다. 또 팔다리와 비교하면 피부도 하찮은 것이고요. 이 이치는 누구나 알고 있습니다. 그러나 털이 없으면 피부가 없고 피부가 없으면 팔다리도 없습니다. 그러면 다시 묻겠습니다. 하찮다는 이유로 털을 무시할 수 있습니까?"

금활리는 반박할 말을 찾지 못했다.

사실 맹손양이 다리 하나와 나라를 바꿀 수 있겠느냐고 물었을 때, 금활리는 그 뒤에 이어질 질문이 "당신의 머리를 베고 천하를 주겠다고 하면요?"일 것이라고 예상했을 것이다.

그 질문에는 그러겠다고 할 수 있었을까?

머리를 벨 수 없으면 다리는 자를 수 있을까? 다리를 자를 수 없으면 살은 떼낼 수 있을까? 그리고 살을 떼 낼 수 없으면 피부는 벗길 수 있을까? 피부를 벗길 수 없으면 털은 뽑을 수 있을까? 물론 할 수 있는 것은 할 수 있고 할 수 없는 것은 할 수 없다.

115 이것은 곧 논리다.

묵가는 논리를 중시했으므로 금활리는 할 말이 없었다.

맹손양의 말은 의미심장했다.

그렇다. 전체의 이익은 확실히 부분의 이익보다 크다. 맹손양조차 "털은 피부보다 하찮고 피부는 팔다리보다 하찮다"고 말했다. 그러나 이것은 결코 함부로 부분을 희생할 수 있음을 뜻하지 않는다. 전체는 부분의 합에 지나지 않기 때문이다. 만약 누가 부분의 이익을 무시하여 매일 하나씩 희생한다면 결국 전체의 이익은 다 사라지고 말 것이다.

따라서 "큰 강에 물이 가득해야 작은 강이 마르지 않는다"는 식으로 말하면 안 된다. 실제로는 작은 시냇물이 모여 큰 강을 이룬다. 샘물과 계곡물과 시냇물이 다 마르면 황하 같은 큰 강이 있을 리 없지 않은가?

마찬가지로 모든 개인의 이익을 다 희생하면 집단의 이익이든 국가의 이익이든 천하의 이익이든 존재하지 않는다.

따라서 모든 백성을 온전한 사람으로 대접해야 한다.

바꿔 말해 국가와 천하의 명의로 개인의 권리를 함부로 빼앗거나 침범해서는 안 된다.

확실히 국가와 천하와 비교하면 개인은 털 한 가닥 같은 존재일지도 모른다. 그러나 털 한 가닥도 운명이 있고 백성도 사람이다. 누가 백성을 얕잡아보고 내키는 대로 뽑아버리려 한다면 미안하지만 응해

줄 수 없다!

이것이 바로 털 한 가닥도 손해 보지 않겠다는 말의 의미다.

하지만 정말로 털 한 가닥을 뽑아 천하를 구할 수 있다면 어떻게 해야 할까?

당연히 뽑아야 한다.

다만 세 가지 문제를 확실히 짚고 넘어가야 한다.

우선 정말로 털 한 가닥을 뽑아 세상을 구할 수 있을까? 그럴 수 없다. 양주가 말했듯이 어떻게 세상을 털 한 가닥으로 구하겠는가? 그럴 수 없다면 털을 뽑을 필요도 없다.

그 다음 문제는 누가 털을 뽑느냐는 것이다. 만약 자신이 뽑으면 자기희생이고 멸사봉공이므로 존중받아야 마땅하다. 하지만 다른 사람이나 집단, 국가, 공권력이면 그들이 무슨 근거로 뽑느냐고 물어야 한다.

이 문제는 더 파고들 필요가 있다. 누구나 알고 있듯이 국가의 권력은 국민이 양도한 것이다. 국민이 양도한 권리의 총화가 곧 국가의 권력이다. 그렇다면 우리는 생명권도 양도했을까? 그렇지 않다. 법적으로 반드시 내야 하는 세금 외에 다른 재산권도 양도했을까? 역시 그렇지 않다.

그렇다면 무슨 근거로 우리의 털을 뽑는단 말인가?

물론 군인, 경찰, 소방관 등은 생명권을 양도한 이들이다. 예를 들어 입대는 곧 그 양도계약서에 서명을 한 것이나 다름없다. 하지만 그들은 재산권은 양도하지 않았으며 그들의 생명도 허투루 사용되어서는 안 된다.

마지막으로 세 번째 문제는 털을 뽑아 무엇을 하느냐는 것이다.

그 당시 상황에서는 크고 작은 통치자들의 사치와 방종에 쓰일 수밖에 없었다. 그것은 일종의 착취, 심지어 약탈이었다. 단지 그런 착취와 약탈이 애국, 애민愛民의 탈을 뒤집어쓰고 있었을 뿐이다. 따라서 "털 한 가닥을 뽑아 천하를 이롭게 한다"는 것은 올가미와 함정에 지나지 않았다. 먼저 백성들을 속여 털을 바치게 하고 그 다음에는 팔다리를, 나중에는 목숨까지 바치게 하는 수작이었다.

따라서 이에 대응하는 방법은 아예 독한 말로 거부하는 것이었다. 내 목숨은 물론이요 내 털 한 가닥조차 내놓지 않겠다!

아마도 이것이 양주의 얼마 남지 않은 발언 뒤에 숨겨진 사상적 논리일 것이다.

이렇게 본다면 털 한 가닥도 손해 보지 않겠다는 말은 전혀 틀린 점이 없다.

그래서 양주의 사상은 중국 역사뿐만 아니라 세계 역사에서 최초의 인권선언이 되었다.

인권선언

양주의 인권선언은 그 전문이 아래와 같다.

옛날 사람은 한 가닥 털을 뽑아서 천하를 이롭게 할 수 있어도 내주지 않았고 누가 온 천하를 갖고서 자신에게 바쳐도 받지 않았다. 그들은 사람마다 털 한 가닥도 뽑지 않고 천하를 이롭게 하지도 않았지만 천하가 잘 다스려졌다古之人. 損一毫利天下不與也, 悉天下奉一身不取也. 人人不損一毫, 人人不利天下. 天下治矣.[37]

이 선언문은 두 문장에 불과하지만 간결하면서도 의미가 확실하다. 특히 두 번째 문장은 설명할 필요도 없이 도가 사상의 원류에 해당하며 나중에 장자는 이렇게 표현했다.

119 "진정으로 훌륭한 사회에서는 모든 사람이 서로 잊고 지내며 아무

---

37 이 말 앞에도 두 문장이 있지만 선언에 대한 설명일 뿐이어서 인용하지 않았다.

도 도와줄 필요가 없고 희생할 필요도 없다."

장자와 양주는 일맥상통한다.

그러나 더 주목해야 할 부분은 역시 첫 번째 문장이다.

첫 번째 문장은 두 부분으로 나뉘며 이렇게 해석된다.

"자신을 희생해 천하를 만족시키라고 해도 나는 그러지 않으며, 천하를 다 가져 자신을 만족시키라고 해도 나는 그러지 않는다."

이것이 곧 양주 사상의 핵심이다.

여기에서도 양주는 극단적인 화법을 구사했다. 완전히 대립되는 두 극단, 즉 털 한 가닥도 손해 보지 않는다는 말과 온 천하를 갖는다는 말을 한곳에 나란히 배치했다. 이 두 가지는 그야말로 하늘과 땅 차이가 아닌가!

여기에서 우리는 자연히 이런 의문을 갖게 된다. 다소 상상하기 어려운, "온 천하를 갖는다"는 이 말은 그저 전략적으로 삽입한 말이 아닐까? 왜냐하면 양주에게 온 천하를 갖는 것과 털 한 가닥도 손해 보지 않는 것은 서로 모순되고 대립되는 쌍방이기 때문이다. 따라서 온 천하를 갖는 것에 반대하면 털 한 가닥도 손해 보지 않는 것에 찬성해야 하고, 온 천하를 가질 수 없으면 털 한 가닥도 뽑지 않는 것을 지지해야 한다.

이것은 논리적 함정이 아닌가?

확실히, 이 문제를 해결하려면 양주에게 한 가지 질문을 던져야 한다.

"온 천하를 갖지 않고 털 한 가닥만 가져도 됩니까?"

하지만 애석하게도 이런 질문을 한 사람은 없었다.

그래도 답을 얻기는 어렵지 않은 듯하다. 맹손양의 논리에 따르면 털 한 가닥을 뽑으면 열 손가락을 끊을 것이고, 열 손가락을 끊으면 오장육부를 바칠 것이고, 오장육부를 바치면 온몸을 희생할 것이기 때문이다. 그렇다면 마찬가지로 털 한 가닥을 가질 수 있으면 열 가닥, 백 가닥, 만 가닥도 가질 수 있으며 결국에는 필연코 천하를 다 갖게 될 것이다.

따라서 이왕 털 한 가닥도 뽑지 않는다면 털 한 가닥도 갖지 않는다.

이게 말이 되는 소리일까?

그렇다. 말이 된다.

실제로 양주는 결코 남을 이롭게 하지 않았지만 남에게 해를 끼치는 일도 없었다. 심지어 사물에도 해를 끼치지 않았다. 그는 말하길, 지혜가 귀한 까닭은 그것이 자신을 보호하기 때문이며 무력이 비천한 까닭은 그것이 다른 사람뿐만 아니라 작은 동물과 자연계까지 침범하기 때문이라고 했다. 물론 인간은 생존을 위해 다른 사람과 다른 사물을 이용하지 않을 수 없다. 그러나 이용은 하되 점유해서는 안 된다. 사적으로 무단 점유하는 것을 가리켜 '횡사橫私'라고 한다.

횡사는 곧 강점이다. 그리고 모든 점유는 다 강점이다. 왜냐하면 재산권이 우리에게 있지 않기 때문이다. 작은 동물과 자연계, 그리고 우리 몸조차 우리 것이 아니다. 그러면 누구의 것인가? 천하의 것이다. 그래서 자신을 무단 점유하는 것은 '천하의 몸天下之身'에 대한 횡사이고 자연을 무단 점유하는 것은 '천하의 사물天下之物'에 대한 횡사다.

양주는 이 두 가지를 다 반대했다.

그러면 어떻게 해야 하는가?

본래 천하에 속하는 것들을 천하에 반환하여 전 세계, 전 인류의 공동소유물로 바꿔야 한다.

그렇다. 천하는 모두의 것이다.

이것은 묵자의 이상이기도 했다.

양주와 묵자는 길은 달랐지만 목적지는 같았다.

사실 묵자와 양주는 맹자와 한비와 마찬가지로 동전의 양면이다. 맹자와 한비는 곧 민권과 군권이다. 맹자는 민권을, 한비는 군권을 옹호했다. 그리고 묵자와 양주는 공권公權과 사권私權이다. 묵자는 공권을, 양주는 사권을 옹호했다. 양주의 "옛날 사람은 한 가닥 털을 뽑아서 천하를 이롭게 할 수 있어도 내주지 않았고 누가 온 천하를 갖고서 자신에게 바쳐도 받지 않았다"는 말은 인권의 선언이면서 권리 보호의 천명이다.

물론 위의 양주의 말에는 '옛날 사람古之人', 즉 고대의 지도자라는   **122**

주어가 있기는 하다. 그러나 이것은 당시를 풍자하기 위해 옛날 사람을 끌어들인 것일 뿐이다. 따라서 저 말은 "나를 희생하여 천하를 만족시키라고 해도 나는 응하지 않을 것이며 세상 모든 것으로 나를 만족시켜준다고 해도 나는 응하지 않을 것이다"라고 번역될 수 있다.

따라서 이것은 권리 보호를 천명한 것이 틀림없다. 나아가 양주가 보호하려 한 권리는 추상적인 민권이 아니라 인간의 개인적 권리인 사권이다.

사권은 중요한가?

대단히 중요하다.

사권은 공권에 대치되는 개념이다. 전자는 개인적 권리이며 후자는 공권력이다. 개인적 권리의 양도가 없으면 공권력은 합법성도, 필요성도 없다. 그래서 공권력은 절대로 개인적 권리를 침해해서는 안 된다. 아무 사심 없이 국민에게 봉사하는 권력자라고 해도 역시 안 된다.

사권이 없으면 공권은 없다.

사권이 없으면 인권도 없다.

안타깝게도 우리는 이 점을 자주 잊거나 심지어 모르는 것 같다.

여기에는 당연히 원인이 존재한다.

그 원인은 중국 역사에서 소유제가 공유(공공의 소유)도, 사유(개인의 소유)도 아닌, 가유(가족이나 가문의 소유)였기 때문이다. 사유재산(개인의 재산)이 없는데 사권(개인적 권리)이 있을 리가 없지 않은가?

그래서 중국인의 문화적 핵심은 필연적으로 '집단의식'일 수밖에 없었다(『이중톈 중국사3—창시자』참고). 그런 문화적 환경과 분위기에서는 공권을 이야기하는 편이 정치적으로 정확했고 사권을 이야기하는 것은 매우 위험했다. 그래서 우리는 지금도 감히 이야기하지 못하거나 심지어 이야기할 줄도 모르는 것이다.

이런 까닭에 양주의 사권 이론은 발표되자마자 천하를 뒤흔들었다. 또한 마찬가지 이유로 그는 곧 이름이 더럽혀지고 요주의 인물이 되었다. 사람들은 잘 알지도 못하면서 그의 "털 한 가닥도 손해 보지 않겠다"는 말을 비웃었으며 "사람마다 털 한 가닥도 손해 보지 않고 천하를 이롭게 하지도 않는 것"이 얼마나 이상적인지 알지 못했다.

양주 사상의 명맥을 이어받은 인물은 아마도 장자가 유일할 것이다.

장자는 세속을 초월한 인물이었기 때문에 군권과 민권, 공권과 사권의 논쟁에는 관여하지 않았던 것으로 보인다. 하지만 시인이자 철학자로서 장자도 어떤 중요한 문제에 관해 시적으로 사유하고 답을 제시했다.

그 문제는 바로 인생의 의미와 삶의 가치였다.

내 인생은
너와 무관하다

장자의 아내가 죽었다.

친구가 아내를 잃으면 문상을 가는 것이 당연하다. 그래서 혜자惠子
는 장자를 보러 갔다.

혜자는 혜시惠施를 말한다.

혜시는 송나라 사람으로서 명가名家 학파에 속했다. 그는 저작을 남
기지 않았으므로 우리는 다른 사람의 책에서 그를 살필 수밖에 없다.
특히 그는 장자의 친구이자 논적으로서 『장자』에서 줄곧 논쟁의 패배
자로 등장한다.

어느 날 장자와 혜시는 다리 위에서 휴식을 즐기고 있었다.

당시에는 아직 환경오염이란 것이 없었기 때문에 틀림없이 맑은 강
물 속에서 물고기가 즐겁게 헤엄치는 모습이 훤히 보였을 것이다. 이
때 장자가 말했다.

"강물 속에서 물고기가 한가로이 놀고 있으니 이것이 바로 물고기의 즐거움일세."

이에 혜시가 물었다.

"자네는 물고기도 아닌데 어디에서 물고기의 즐거움을 알 수 있는가?"

"자네도 내가 아닌데 어디에서 내가 물고기의 즐거움을 모른다고 알 수 있는가?"

"내 말이 바로 그 말이야. 나는 자네가 아니니 당연히 자네가 어떤지 모르지. 자네도 물고기가 아니니까 당연히 물고기의 즐거움을 모르는 걸세."

장자는 말했다.

"아닐세. 자네는 내가 물고기의 즐거움을 아는 것을 알고 있네. 자네는 처음에 내게 어디에서 물고기의 즐거움을 알 수 있느냐고 묻지 않았나? 그러면 이제 말해주지. 나는 여기에서, 그러니까 이 다리 위와 강물 속에서 알았네."[1]

장자의 답변은 확실히 궤변이다. 혜시의 "자네는 어디에서 물고기의 즐거움을 알 수 있는가汝安知魚樂?"라는 물음은 "어떻게 알았느냐"고 물은 것이지 "어디에서 알았느냐"고 물은 것이 아니기 때문이다. 이 물음에 "여기에서 알았다"고 답했으니 어찌 동문서답이 아니겠는가?

127

---

1 『장자』「추수秋水」 참고.

그러나 장자의 이런 억지는 그의 어떤 태도를 보여준다.

어떤 태도일까?

내 인생은 남과 무관하다는 태도다.

사실 장자는 자신이 궤변을 펼치고 있다는 것을 꼭 몰랐다고 할 수는 없으며 물고기가 즐거웠는지 정말 알았다고도 할 수 없다. 그가 "물고기가 한가로이 놀고 있으니 이것이 바로 물고기의 즐거움일세鰷魚出游從容, 是魚之樂也"라고 말한 것은 그저 당시에 그 자신이 즐거웠기 때문이다.

이런 심미적 태도를 가리켜 '이정移情'이라고 한다. 이 태도를 가지면 세상 만물에 다 영혼과 감정이 있는 듯하다.

이런 관점에서 보면 혜시는 분위기도 모르는 사람이 돼버린다.

그래서 장자는 억지를 부렸으며 이를 통해 사람은 즐겁게 살아야 한다는 태도를 표명한 것이다.

즐거우면 됐다. 왜 즐거운지는 묻지 마라. 묻고 싶으면 너 자신에게 물어라.

그렇다. 이것은 누가 뭐래도 내 식대로 살겠다는 태도다.

그래서 문상을 온 혜시는 장자가 오만한 자세로 앉아 질항아리를 두드리며 노래를 부르는 광경을 목격했다.

그것은 어처구니없는 일이었다.

이에 혜시는 말했다.

"자네와 평생을 살면서 아이들을 낳고 키워준 사람이 지금 불행히도 세상을 떠났네. 목 놓아 울지 않는 것만 해도 인지상정에 어긋나는데 노래까지 부르다니! 이것은 좀 너무하지 않은가?"

장자는 이렇게 답했다.

"그런 게 아닐세. 아내가 막 죽었을 때 나라고 어찌 비통하지 않았겠는가? 다만 사람의 생명을 생각하면 무에서 유로, 또 삶에서 죽음으로 가기 마련일세. 이런 생로병사는 마치 사계절과 같지 않은가? 지금 그녀는 조용히 천지 사이에 누워 편안하게 잠들었네. 그런데도 내가 처절하게 통곡한다면 생명의 참뜻을 너무 모르는 것이 아닌가?"[2]

이 발언은 실로 죽음의 의미를 꿰뚫어보고 있다.

죽음은 곧 삶의 끝이다. 죽음을 꿰뚫어본다면 삶도 마찬가지다.

이것은 양주의 사상을 계승한 결과이기도 했다.

양주는 일찍이 아래와 같이 말했다.

"세상 만물은 비록 사는 모습은 각기 달라도 결국에 죽는 것만은 똑같다. 십년을 살아도 죽고 백년을 살아도 죽는다. 인자仁者와 성인도 죽고 악인과 바보도 죽는다. 살아서 요와 순이어도 죽으면 해골이 된다. 살아서 걸桀과 주紂여도 역시 죽으면 해골이 된다. 똑같은 해골인데 무슨 차이가 있겠는가?"[3]

그렇다. 죽음 앞에서는 모두가 평등한 것이다.

아래의 결론도 조리에 맞다.

---

2 『장자』「지락至樂」참고.
3 『열자』「양주」참고.

누구도 죽음을 면할 수 없다면 무엇에도 얽매일 필요가 없다. 마음이 이끌리는 대로 행하면 된다. 그래서 누가 죽어도 나는 울 수도 있고, 웃을 수도 있고, 노래를 부를 수도 있다. 내가 죽어도 마찬가지다. 왜냐하면 나의 삶은 다른 사람과 무관하며 다른 사람의 삶도 그 자신에게만 속하기 때문이다. 우리는 그저 각자의 삶에 충실하면 그만이다.

그런데 어차피 죽는다면 굳이 살아야 할 필요가 있을까?

이 점은 더 생각해야만 한다.

양주의 대답은 "생명을 가진 이상, 살 수밖에 없고 또 잘 살아야만 한다"이다. 나아가 "살아 있는 동안에 즐겨야지 죽은 뒤를 챙길 겨를이 있겠는가且趣當生, 奚遑死後?"라고 말했다. 다시 말해, 지금 하루하루를 잘 살 뿐, 죽은 뒤에 어떻게 될지는 신경 쓰지 않겠다는 것이다.

그러면 어떻게 살아야 잘 사는 것인가?

사람은 왜 살아야 하며 살면서 무엇을 해야 하는가?

이에 대해 제자백가는 각기 다른 태도를 보였으며 그들의 태도는 중국인에게 심대한 영향을 끼쳤다. 다만 그 태도에 관해 누구는 글을 써서 발표했고 누구는 실천으로 보여주었다.

먼저 맹자를 살펴보자.

대장부가
돼라

맹자는 사람이 살면서 어떤 본보기가 돼야 한다고 주장했다.

그가 말한 본보기는 무엇이었을까?

대장부였다.

대장부는 어떤 사람일까?

만물의 이치를 다 갖춘 사람, 하늘을 원망하지도 남을 탓하지도 않는 사람, 가난하다고 지조를 꺾지 않으며 어떤 위엄이나 무력 앞에서도 굴하지 않는 사람이다.[4]

맹자는 대장부였나?

대장부였다.

한번은 제 선왕이 사람을 보내 물었다.

"본래 과인이 선생을 만나러 가야 마땅하지만 감기에 걸려 바람을 쐬면 안 되오. 만약 선생이 오신다면 과인이 조정에 나갈 수는 있는

131

---

4 각기 『맹자』의 「진심 상」「공손추 하」「등문공 하」 참고.

데 그래주시겠소?"

맹자는 즉시 말했다.

"죄송합니다. 공교롭게도 저 역시 바람을 쐬면 안 되는 처지입니다."

사실 맹자는 병에 걸리지 않았다.

게다가 그는 본래 제 선왕을 만나러 갈 준비를 하고 있었다.

그러면 맹자는 왜 병에 걸린 척한 것일까?

제 선왕이 "병을 핑계로 자신을 불렀음托疾以召"[5]을 직감했기 때문이다. 그것은 당연히 안 되는 일이었다.

이에 대해 맹자는 일찍이 설명을 달았다.

그는 세상에서 가장 존귀한 것은 작위, 나이, 도덕이라고 말했다. 조정에서는 작위를 중시하고 마을에서는 나이를 중시하며 천하를 다스리기 위해서는 무엇보다도 먼저 도덕을 중시해야 한다. 따라서 군주가 아무리 귀한 신분이어도 직접 방문해 가르침을 청해야지 어떻게 덕 있는 인사를 자기 멋대로 오라 가라 한단 말인가?[6]

그래서 맹자는 병을 핑계 삼아 초대를 거절한 것이다.

맹자는 또 사인이 제후에게 유세를 하려면 먼저 그를 경시해야 한다고 말했다. 즉, "대인에게 유세할 때는 그를 가벼이 여겨야지 그의 위세에 눌리면 안 된다說大人則藐之, 勿視其巍巍然"[7]라고 했다. 왜냐하면 그에게는 부가 있지만 내게는 인덕이 있으며 또 그에게는 작위가 있지

132

5 주희의 『맹자장구집주孟子章句集注』 참고
6 『맹자』 「공손추 하」 참고.
7 『맹자』 「진심 하」 참고.

만 내게는 정의가 있기 때문이다. 나는 그보다 부족할 것이 없다!⁸

역시 맹자는 '국왕연수반'을 세울 만한 인물이었다.

맹자의 연수반은 아무나 들여보내주지도 않았다. 제 선왕과 양 혜왕은 커트라인을 넘은 셈이었다. 그러나 혜왕의 아들 양왕襄王은 맹자의 눈에 들지 못했다. 맹자는 그를 보고 나서 사람들에게 "임금 같아 보이지 않았다望之不似人君"⁹라고 평했다. 그런데 맹자는 자기가 어떤 사람이 탐탁지 않아 가르치지 않는 것 자체가 곧 그 사람을 가르치는 것이라고 생각했다.¹⁰

맹자는 설사 국왕이라 해도 자기 마음에 안 들면 연수반에 들여보내지 않았다.

그러면 시험에 합격한 국왕은 어땠을까?

역시 맹자를 대등하게 상대하지 못했다. 맹자는 언젠가 공자의 손자인 자사子思의 입을 빌려 말했다.

"지위로 따지자면 귀하는 군주이고 저는 신하인데 제가 어찌 감히 귀하의 친구가 될 수 있겠습니까? 그러나 도덕으로 따지자면 귀하는 제자이고 저는 스승인데 귀하가 어찌 제 친구가 될 수 있겠습니까?"¹¹

맹자는 강직한 성격의 소유자였다.

그리고 강직한 성격은 곧 사인의 지조였다.

강직한 사람은 오만하지도 않고 남에게 아부하지도 않는다. 이런

8『맹자』「공손추 하」참고.
9『맹자』「양혜왕 상」참고.
10『맹자』「고자告子 하」참고.
11『맹자』「만장 하」참고.

사람이 바로 대장부다.

그러면 어떻게 해야 대장부가 될 수 있을까?

호연지기浩然之氣를 길러야 한다.[12]

호연지기를 가지면 어떻게 되는가?

호연지기가 가슴에 충만한 사람을 '미인美人'이라 하고 호연지기가 가슴에 충만하여 빛이 나는 사람을 '대인大人'이라 하며 그 빛으로 남들을 감화시키는 사람을 '성인聖人'이라 한다. 그리고 은연중에 그런 감화를 행하는 사람을 '신인神人'이라 한다.

미인, 대인, 성인, 신인은 인격 수양의 네 가지 경지다.[13]

경지는 높아져야 하지만 일단 이 호연지기만 가지면 천하에 이바지하는 것을 자신의 소임으로 삼고 정의를 책임지며 공명정대해져 세상에 대장부로 우뚝 서게 된다.

물론 이런 사람은 어떤 상황에서도 과감히 직언을 할 줄 안다.

맹자가 바로 그런 사람이었다.

언젠가 맹자는 제나라의 어느 지역을 시찰했다. 그곳의 지방관은 공거심孔距心이라는 대부였다.

맹자가 그에게 물었다.

"휘하의 병사가 하루에 세 번 실수를 한다면 내치시겠습니까?"

공거심은 말했다.

"세 번 실수를 할 때까지 기다려주지도 않겠지요."

12 『맹자』「공손추 상」 참고.
13 『맹자』「진심 하」 참고.

"대부께서는 이미 세 번을 넘었습니다. 이곳의 난민들을 보면 노약자의 시체가 들판에 널려 있고 떠돌아다니는 청년과 장년이 1000명에 가깝기 때문입니다."

"그것은 내 능력으로는 어쩔 수 없는 일입니다."

맹자는 또 말했다.

"남을 대신해 소와 양을 방목하는데 목장과 풀을 찾지 못했다면 소와 양을 돌려줘야 합니까, 소와 양이 죽도록 보고만 있어야 합니까?"

공거심은 말했다.

"잘 알았습니다. 그것은 제 죄입니다."

맹자는 도읍으로 돌아와 제 선왕에게 말했다.

"대왕의 지방관 중 다섯 명을 만났습니다. 그 중에서 자기 죄를 아는 사람은 공거심뿐이더군요."

제 선왕이 말했다.

"그것은 역시 과인의 죄요."[14]

맹자는 이처럼 의롭고 당당했다!

비록 누구나 이런 경지에 이르지는 못해도 마음만은 이를 우러러 볼 만하다.

135

---

14 『맹자』「공손추 하」참고.

묵자의
귀신론

맹자는 정의를 위해 의로운 일을 행했고 묵자는 귀신놀음을 했다.

이렇게 말하는 것은 묵자에게는 다소 억울할 수도 있다. 왜냐하면 그가 정말로 귀신을 믿었을 수도 있기 때문이다. 실제로 묵자는 귀신의 존재를 증명하기 위해 산 사람이 귀신을 본 이야기를 꽤 많이 거론했다.[15] 그런데 이로 인해 그는 크게 낭패를 보았다.

언젠가 묵자가 병이 났을 때 질비跌鼻라는 제자가 와서 미심쩍어하며 물었다.

"스승님, 왜 병이 나셨습니까? 스승님이 어떻게 병이 나실 수가 있죠?"

참으로 희한한 질문이다. 사람은 누구나 병이 나기 마련인데 어째서 묵자는 병이 나서는 안 된다고 생각했을까?

왜냐하면 묵자가 귀신은 어디에나 존재하는 전지전능한 존재라고 136

15 『묵자』「명귀明鬼」참고.

말했기 때문이다. 누가 겸애를 실천하고 좋은 일을 하면 귀신이 그에게 상을 주고 행운을 선사하며, 반대로 누가 겸애를 외면한 채 나쁜 일을 저지르면 귀신이 그를 벌하고 불행하게 만든다고 했다.

따라서 병은 귀신의 징벌이었다.

질비가 또 물었다.

"스승님은 성인이신데 왜 병이 나셨죠? 스승님의 말씀이 틀린 건가요, 아니면 귀신이 눈이 먼 건가요?"

묵자는 당연히 잘못을 인정하지 않았다.

"내가 병이 난 것으로는 아무것도 증명할 수 없다. 사람의 병은 원인이 수도 없이 많다. 날씨의 변화 때문일 수도 있고 일이 너무 많아서일 수도 있다. 이것은 어느 집에 문이 백 개인데 그 중 하나를 닫는다고 해서 도둑이 못 들어오지는 않는 것과 마찬가지다."[16]

이 말은 설득력이 부족하다.

묵자의 병이 귀신의 징벌이 아니라면 과연 누구의 병이 그럴까? 만약 갑의 병은 일이 너무 많아서 걸린 것이고 을의 병은 귀신의 징벌이라면 그 안의 인과관계는 어떻게 증명할 수 있나?

하물며 증명할 수 있다고 하더라도 문제가 다 해결되는 것은 아니다. 묵자가 위에서 말한 논리에 따르면 한 사람의 행복과 불행에는 아마도 무수한 원인이 있으며 귀신의 상벌은 그 중 하나에 불과하다. 그렇다면 귀신을 무서워할 까닭이 없지 않은가?

137

---

16 『묵자』「공맹公孟」 참고.

그러나 묵자는 사람이 귀신을 무서워하지 않는 것이야말로 무서운 일이라고 생각했다.

묵자는 말하길, "지금 세상이 크게 어지러운 것은 사람들이 귀신을 믿지 않고 귀신이 '현명한 사람에게 상을 주고 난폭한 자를 벌한다'는 것을 모르기 때문이다. 만약 귀신을 믿는다면 어떻게 이처럼 대담하고 제멋대로일 수 있겠는가?"[17]라고 했다.

이 말도 비판을 피해가기 어렵다.

경찰이 범죄자를 잡는 것을 예로 들어보자. 설마 범죄자가 세상에 경찰이 있는 것을 믿지 않아서 경찰이 그를 못 잡는 걸까? 마찬가지로 세상에 정말 귀신이 있다면 사람들이 믿든 안 믿든 개의치 않을 것이다.

경찰은 남이 믿어줘야만 꼭 자기 역할을 하는 것은 아니다.

귀신도 마찬가지다.

그러면 묵자는 왜 그렇게 귀신을 중시한 것일까?

정의를 실천하기 위해서였다.

정의를 실천하면 실천하는 것이지 그것이 귀신을 두려워하는 것과 무슨 관계가 있었을까?

왜냐하면 정의의 실천은 너무나 어려운 일이기 때문이었다. 이 점을 묵자는 내심 잘 알고 있었다. 실제로 이미 어떤 사람이 그에게 말하길, "지금 천하에는 정의를 실천하는 사람이 아무도 없는데 오직

17 『묵자』 「명귀」 참고.

당신만 고생을 자초하고 있습니다. 차라리 그만두시는 게 낫습니다!"
라고 했다. 이에 묵자는 이렇게 답했다.

"한 집안에 식구가 열 명인데 한 명이 농사를 짓고 아홉 명이 손을
놓고 있다면 그 한 명이 필사적으로 일해야 하지 않겠소? 세상에 정
의보다 귀한 것은 없소. 내가 행하지 않으면 누가 행하겠소?"[18]

안타깝게도 이런 사명감을 가진 사람은 묵자와 그의 제자들밖에
없었던 것 같다. 세상 사람들은 어쩔 수 없이 귀신을 이용해 단속해
야만 했다. 귀신은 위협적인 존재다. 관리가 귀신이 있음을 알면 감
히 직무에 소홀하거나 부정을 저지르지 못한다. 백성들도 귀신이 있
음을 알면 감히 법을 어기거나 음란하고 난폭한 짓을 저지르지 못한
다. 따라서 귀신을 공경하고 두려워하는 것은 국가를 다스리고 만민
을 이롭게 하는 도리다.[19]

그런데 귀신은 정말 현명한 사람에게 상을 주고 난폭한 자를 벌할
까?

꼭 그렇지는 않다.

묵자 본인만 해도 그 덕을 본 적이 없는 듯하다. 그와 그의 제자들
은 힘든 나날을 보냈다. 그들은 고립무원의 처지에서 정의를 실천했
다. 사람도 귀신도 그들을 도와주지 않았다.

그래서 앞에서 등장했던 유생 무마자가 이의를 제기했다.

139　"선생은 사람도 귀신도 안 도와주는데 의로운 일을 포기하지 않는

---

18 『묵자』「귀의貴義」 참고.
19 『묵자』「명귀」 참고.

구려. 내가 보기에는 정상이 아니오."

이에 묵자는 그에게 물었다.

"선생 밑에 두 명의 조수가 있다고 해봅시다. 한 사람은 선생이 보여야 일을 하고 안 보이면 일을 하지 않습니다. 다른 사람은 선생이 보이든 안 보이든 일을 합니다. 그러면 선생은 누구를 신임하시겠습니까?"

"당연히 뒷사람이지."

묵자는 말했습니다.

"바로 그렇습니다. 선생도 정상이 아닌 사람을 신임하는 겁니다."[20]

그렇다. 한낱 조수도 주인이 보든 안 보든 자기 일에 충실해야 한다. 그렇다면 마음속에 정의감이 가득한 사람이 귀신의 눈을 의식하며 실천할 필요가 있을까?

이로써 묵자의 귀신론은 사실 의롭지 못한 이들을 위한 것이었고 믿을 만한 주장이 아니었음을 알 수 있다. 비록 그 '귀신놀음'은 존중받을 만한 가치가 있기는 했지만.

묵자 자신의 인생관은 "세상에 정의보다 귀한 것은 없다"였다. 이를 위해 그는 몸소 실천하고 죽을 때까지 노력을 기울였다. 그가 송나라를 구한 것은 도리를 지키기 위해서였고 공자를 비판한 것은 정의를 위해 타협하지 않은 결과였다.

정의로운 사람이 되는 것, 이것이 바로 묵자의 삶의 태도였다.

---

20 『묵자』 「경주」 참고.

천명과
사명

묵자는 귀신을 중시했고 공자는 천명을 중시했다.
　공자는 아래와 같이 말했다.

　천명을 모르면 군자라고 할 수 없다不知命, 無以爲君子也.[21]

또 이렇게 말하기도 했다.

　목숨은 천명에 달렸고 부귀는 하늘에 달렸다死生有命, 富貴在天.[22]

　앞의 말은 직접 말한 것이고 뒤의 말은 자하子夏가 전한 것이다.
　귀신에 대한 공자의 태도는 "귀신을 공경하되 가까이하지는 않는다
141　敬鬼神而遠之"[23]였다. 이처럼 귀신에 대해서는 언급을 삼가고 논하려 하

---

21 『논어』「요왈堯日」참고.
22 『논어』「안연」참고.
23 『논어』「옹야雍也」참고.

지 않았으니 사실상 귀신을 믿지 않았던 것이다.

이 점은 묵자와 매우 달랐다. 그래서 묵자는 공자의 주장에 의문을 제기했다.

묵자는 천명론이 폭군과 게으름뱅이의 주장이라고 보았다. 그들은 자신들이 정권을 잃고 가난한 이유가 자기에게 있다고 생각지 않고 그저 운명 탓으로 돌리며 모든 잘못을 하늘에게 미룬다고 했다.[24]

그래서 묵자는, 만약 천명론에 찬성하면 필연적으로 통치자는 제대로 다스리지 않고 백성들은 게을러지는 등 모두가 소극적으로 변하여 천하를 잃게 될 것이라고 우려했다.[25]

묵자의 이런 발언은 왜곡이거나 오해다.

앞에서 말했듯이 공자는 "안 되는 일인 줄 뻔히 알면서도 행하는" 인물이었다. 이런 사람이 어떻게 소극적일 수 있겠는가? 당연히 그럴리가 없었다.

그러면 공자는 도대체 왜 천명을 중시했을까?

사명 때문이었다.

천하를 주유하던 시절, 공자는 광匡(지금의 허난 성 창위안長垣으로 추정됨) 땅에 억류된 적이 있었다. 이때 그는 말했다.

"우리가 위험한지 아닌지는 천명을 살펴야 한다. 만약 천명이 내게 있다면 이곳 사람들은 나를 어쩌지 못할 것이다."

그러면 천명은 그에게 있었을까?

24 『묵자』「비명非命 중」 참고.
25 『묵자』「공맹」 참고.

그랬다.

공자의 논리는 다음과 같았다.

"주 문왕은 돌아가셨지만 그 분의 문화는 내게까지 전해지지 않았느냐? 이는 하늘이 그것을 없애려 하지 않았기 때문이다. 더구나 하늘이 그 문화를 원치 않았다면 왜 내가 그것을 물려받게 했겠느냐?"

나중에 공자는 과연 위험에서 벗어났다.[26]

그는 이와 비슷한 말을 또 한 번 한 적이 있다. 역시 천하를 주유할 때였으며 그가 송나라에 당도하자 송나라의 사마司馬인 환퇴桓魋가 그를 죽이려 했다. 그때 공자는 말했다.

"하늘이 이 공구에게 사명을 내리셨는데 환퇴가 나를 어쩌겠는가?"[27]

확실히 천명은 곧 사명이었다.

따라서 공자는 천명론을 주장했기에 도리어 사명감이 투철했다. 그의 사명은 우선 화하華夏 문명을 계승하고 빛내는 것이었다. 바로 그 다음이 세상의 폐단을 바로잡고 천하를 평화롭게 다스리는 것이었다.

첫 번째 사명은, 의심할 여지없이 공자는 완수했다. 그러나 두 번째 사명은 곳곳에서 벽에 부딪쳐 전혀 성과를 거두지 못했다.

이 점에 대해서는 어떤 설명과 위로와 견해가 필요하다.

어떻게 설명하고 위로하며, 또 어떤 견해를 제시해야 할까?

26 『논어』「자한子罕」참고.
27 『논이』「술이述而」참고.

그 핵심은 역시 천명이다.

어느 해에 공자의 제자인 공백료公伯寮라는 사람이 노나라의 재상 계손季孫 대부 앞에서 자로를 비방하여 공자를 배신했다. 이에 어떤 사람이 공자를 찾아와 이 사실을 알린 뒤, 자기가 공백료를 처형시킬 수 있다고 말했다. 그런데 공자는 그에게 이렇게 답했다.

"도가 이뤄지는 것도 천명이고 도가 없어지는 것도 운명이다. 공백료 따위가 천명을 어떻게 하겠느냐."28

그래서 공백료를 죽이는 것은 의미 없는 일이 되었다.

이러한 천명론은 혹시 숙명론이 아닐까?

그렇지 않다.

천명은 사명이지 숙명이 아니다.

사명은 돌아보지 않고 용감하게 밀고 나가는 것이다. 결과에 대해 환상을 품지 않으면 더욱 더 그러하다. 사실 사람은 평생을 살면서 모든 일을 다 하는 것은 불가능하며 아무 일도 하지 않는 것도 불가능하다. 그러면서 이루는 것도 있고 못 이루는 것도 있기 마련인데, 다만 문제는 무슨 일은 하고 무슨 일은 안 하느냐는 것이다.

여기에는 두 가지 선택지가 있다.

하나는 할 수 있는 일이고 다른 하나는 해야 하는 일이다.

할 수 있는 일을 택하면 결과와 득실을 따져야 한다. 장점이 있고 성공할 것 같으면 한다. 반대로 장점이 없고 실패할 것 같으면 하지 **144**

28 『논어』「헌문」 참고.

않는다. 그 다음으로, 해야 하는 일을 택하면 과정과 도의를 따진다. 도의만 있으면 물불을 안 가리고 전력을 다해 실행하며 그 성공 여부는 하늘의 뜻이다. 이것이 바로 공자가 "천명에 따른다"고 하는 것이다.

이로써 천명에 따르는 것이 노력을 안 하는 것이 아니고 책임을 안 지는 것은 더더욱 아님을 알 수 있다. 그것은 결과를 중시하지 않고 과정을 중시하는 것이다. 실제로 유가는 노력을 강조하기는 했지만 성과주의와는 거리가 멀었다. 그래서 그들은 환상을 품지 않고 주어진 상황에 잘 적응하고 만족했다.

사실 주어진 상황에 만족할 수만 있다면 천명은 문제가 안 됐다. "주어진 상황에 만족하지 못하는" 경우에 비로소 천명을 따졌다. 그래서 그 상황이 천명이라면 거부하지 않았고 천명이 아니면 해야 할 일을 행했다.

결국 일의 성패는 하늘에 달렸지만 그 일은 사람의 몫인 것이다.

이것은 또 다른 삶의 태도다.

이 태도에 따르면 정의의 실천은 본분이자 책임이다. 그리고 주장을 실행할 수 있는지, 생각을 전파할 수 있는지, 이상을 실현할 수 있는지는 모두 하늘의 뜻이다. 비록 마음속에 추구하는 바가 있어도 스스로 물어 부끄러움이 없기만을 바란다.

145 그렇다. 원하는 대로 되는 것보다는 마음의 평안을 추구한다.

이 점도 묵자와는 다르다. 앞에서 말한 대로 묵자는 한비와 함께 공리와 실용을 중시했다. 그는 아마도 일을 하면 반드시 성공해야 하고 성공하지 못할 일은 하지 말아야 한다고 생각했을 것이다.

하지만 정말로 성공할 수 없게 되면?

귀신에게 도움을 청했을 것이다.

이처럼 묵자는 결과를 귀신에게 넘겼고 공자는 운명을 하늘에게 넘겼다. 그래서 그들 중 한 사람은 천명을, 한 사람은 귀신을 중시한 것이다.

그러면 과연 두 사람 중 누가 옳을까?

장자는 둘 다 틀렸다고 말했다.

쓸모없는 것이 좋다

장자는 실로 공리를 초월한 인물이었다.

앞서 말한 대로 공자와 묵자는 달랐다. 묵자는 귀신을 믿고 천명을 믿지 않았으며 공자는 천명을 믿고 귀신을 믿지 않았다. 하지만 어느 쪽이든 일과 유용성을 중시했다. 예를 들어 공자는 "내가 어찌 매달린 채 먹을 수도 없는 조롱박이겠느냐?"[29]라고 말했다.

하지만 장자는 쓸모없는 것이 좋다고 생각했다.

이 점을 증명하기 위해 장자는 어떤 이야기를 꺼냈다.

석石이라는 이름의 목수가 제자들을 데리고 제나라에 갔는데 도중에 큰 나무를 보았다. 그 나무는 그늘이 수천 마리의 소가 쉴 수 있을 정도로 컸고 줄기는 백 척이 넘었으며 높이도 거의 산만 했다. 또한 그 주위는 구경하러 온 사람들로 장바닥처럼 어수선했다.

147

그런데 석은 그 나무를 거들떠보지도 않았다.

제자들은 이해가 가지 않아 왜 그러느냐고 물었고 석은 이렇게 답했다.

"쓸모없는 나무다. 목질이 푸석푸석해 물건을 만들 수 없다."

그날 밤, 석의 꿈에 그 나무가 나타나 물었다.

"당신은 내가 쓸모없다고 생각하오?"

석이 그렇다고 말하자 나무는 웃으며 또 말했다.

"내가 쓸모가 있었다면 지금까지 살아 있겠소?"[30]

나무의 말이 옳다. 만약 쓸모가 있었다면 진즉에 목수에게 베어졌을 것이다.

그래서 장자는 유용성을 추구하지 않았으며 명성도 추구하지 않았다. 심지어 그는 노자의 말을 빌려 이런 말까지 했다.

"그대가 나를 소라고 불렀다면 나는 스스로 소라고 했을 것이오. 그대가 나를 말이라고 불렀어도 나는 스스로 말이라고 했을 것이오. 그런 것이 뭐가 중요하오?"[31]

이런 인물이었으니 장자는 당연히 관리가 될 마음이 없었다.

장자는 관리였던 적이 있었을까? 있었다. 송나라의 몽蒙(지금의 허난성 상추商丘) 지역에서 옻나무 밭을 관리하는 직책을 잠시 맡은 적이 있다고 한다. 그러나 그 후로는 죽을 때까지 관직을 맡지 않았다. 초 위왕威王이 재상직을 하사했지만 역시 응하지 않았다.[32]

148

30 『장자』「인간세」 참고.
31 『장자』「천도天道」 참고.
32 『사기』「노자한비열전」 참고.

관리 일을 안 했으면 무슨 일을 했을까?

낚시를 했다.

낚시는 어디에서 했을까?

복수濮水(지금의 허난 성 푸양濮陽)에서 했다.

초 위왕의 명을 받들어 장자를 초빙해 와야 했던 두 초나라 대부는, 멀리 송나라까지 건너가 그 복수 강변에서 장자를 찾았다.

장자는 낚시에 열중하고 있었다.

두 초나라 대부는 말했다.

"폐국弊國의 과덕지군寡德之君께서는 나랏일로 선생께 폐를 끼치고자 하십니다!"

장자는 낚시를 멈추지 않았다. 그는 고개도 돌리지 않고 물었다.

"귀국에는 죽은 지 3000년이 된 신령스러운 거북이 있다고 들었습니다. 귀국의 대왕께서는 그것을 애지중지하여 사당에 잘 간직하고 계시다는데 그게 사실입니까?"

두 초나라 대부가 그렇다고 답하자 그는 또 말했다.

"그 거북이 죽어서 뼈를 남겨 귀한 대접을 받기를 바라겠습니까, 살아서 꼬리를 끌며 진흙 연못 속을 구르기를 바라겠습니까?"

두 대부는 입을 모아 말했다.

"그것은 굳이 생각해볼 필요도 없는 문제입니다."

149   이에 장자는 말했다.

"두 분은 돌아가십시오. 저는 앞으로도 꼬리를 끌며 진흙 연못 속을 구르겠습니다."[33]

이런 점은 혜시와는 사뭇 달랐다.

혜시는 고관대작을 지낸 데다 관직에 연연해했다. 그가 양나라의 재상으로 일할 때 누가 그에게 장자가 그의 재상직을 빼앗으려 한다고 고했다. 놀라고 두려워진 혜시는 사람들을 풀어 사흘 내내 장자를 찾게 했다.

이에 장자는 혜시를 찾아가 말했다.

"남쪽에 원추鵷鶵(봉황의 일종)라는 새가 있네. 이 새는 오동나무가 아니면 앉지 않고 대나무 열매가 아니면 먹지 않으며 달디 단 샘물이 아니면 마시지 않네. 이 새가 남해에서 북해로 날아갈 때, 마침 올빼미 한 마리가 죽은 쥐 한 마리를 찾았지. 올빼미는 원추가 머리 위로 지나가는 것을 보고 자기 먹이를 빼앗아갈까 봐 '혁!' 하고 소리를 질렀네."

이 이야기를 마치고 장자는 혜시에게 말했다.

"자네는 자네의 양나라 때문에 내게 '혁!' 하고 소리를 지르려는가?"[34]

혜시는 얼굴이 온통 시뻘게졌다.

이처럼 장자는 높은 관직을 죽은 쥐나 죽은 거북이에 비유했으며 가장 쓸모없는 것이 가장 유용하다고 보았다. 그는 왜 이런 주장을 **150**

---

33 『장자』 「추수」 참고.
34 『장자』 「추수」 참고.

한 것일까?

이 질문에 답하려면 또 다른 이야기를 살펴봐야 한다.

어떤 사람이 역시 장자를 초빙하려 했다. 그러나 장자는 이렇게 답했다.

"귀하는 제물에 쓰일 소를 보신 적이 있습니까? 좋은 천을 걸치고 좋은 사료를 먹긴 합니다만 태묘로 끌려가 제사에 바쳐질 때가 되면 한낱 외로운 송아지가 되고 싶어도 그러지 못합니다."[35]

장자의 이상은 설마 외로운 송아지가 되는 것이었을까?

그럴 리는 없었다.

그렇다면 과연 그는 무엇을 추구했을까?

---

35 『장자』「열어구列御寇」 참고.

진실하고
자유로운 삶

장자는 진실과 자유를 추구했다.

이것은 인생의 가치이며 생명의 가치이기도 하다.

장자는 말을 예로 들어 말했다.

"말은 발굽으로는 눈을 밟을 수 있고 털로는 한파를 막을 수 있다. 배가 고프면 풀을 먹고 목이 마르면 물을 마시며 신이 나면 들판을 달리며 마음껏 뛰논다. 이것이 바로 말의 진실한 성정이다!"

이런 삶이야말로 진실하고 자유롭다.

그런데 백락伯樂이 나타나 자기가 말을 잘 다룬다면서 말발굽에 징을 박고 굴레를 씌우는 바람에 말들 중 삼분의 일이 목숨을 잃었다. 그런 다음에는 또 자기 명령에 따라 고분고분 서고, 멈추고, 나아가게 만들었다. 장자는 그런 말은 반쯤 죽은 것이나 다름없다고 생각했다.

그는 왜 그렇게 생각했을까?

진실하지도, 자유롭지도 않기 때문이었다.

그런 말은 올림픽 금메달을 따도 즐겁지 못하다.

장자는 이를 두고 '백락의 죄'라고 말했다.[36]

그러면 우리는 어떻게 살아야 하나?

제멋대로 살아야 한다.

제멋대로 산다는 것은 본성에 따라 자연스럽게 산다는 것이다. 예 컨대 매가 하늘을 날고 물고기가 물속에서 헤엄치는 것처럼. 이것이 곧 진실이고 자유다. 진실하고 자유로우면 즐겁기 마련이다. 그래서 진흙 속을 구르는 거북도, 우리 안에서 꿀꿀대는 돼지도 즐겁기 그지 없다. 그러나 그들을 인간이 규정한 틀 안에서 살게 하면 고통스러워 할 것이다.

장자는 영광스럽게도 제사의 희생물로 뽑힌 돼지에 관해 말한 적 이 있다.

그런 돼지는 보통 후한 대접을 받는다.

그런데 그 돼지는 무척 우울해했다.

이 때문에 제사를 주관하는 관리가 의관을 차려입고 돼지우리로 달려갔다. 돼지에게 사상 교육을 시키기 위해서였다.

"돼지야, 너는 두려워할 필요 없다. 오늘부터 내가 너를 석 달 동안 배불리 먹여주마. 죽이기 전에는 열흘 동안 부정한 일을 멀리하고 사

153

흘 동안 몸을 깨끗이 해줄 것이다. 죽을 때는 몸 밑에 희디흰 띠풀도 깔아주고 네 어깨와 뒷다리를 꽃무늬를 새긴 최고의 제기 위에 놓아주마. 너는 이것을 어떻게 생각하느냐?"

돼지는 말이 없었다.

말이 없는 게 당연했다. 마음에 안 들었기 때문이다.

한 번 돼지의 입장에서 생각해보라. 그냥 우리에서 겨와 지게미나 먹는 편이 나았다.

그것이 바로 돼지가 원하는 것이었다.

장자는 이렇게 말한다.

"진실하고 자유롭게 살아야 한다는 이치는 돼지도 알고 있다. 하지만 안타깝게도 많은 사람들이 이른바 부귀영화를 위해 자신의 천성을 왜곡하고 하고 싶지 않은 일을 한다. 그들은 '살아서 부귀하고 죽은 뒤에 영예를 얻는 것生前富貴, 死後哀榮'이 몸 밑에 희디흰 띠풀을 깔고 어깨와 뒷다리를 꽃무늬 쟁반에 얹는 것과 같음을 생각지 못한다. 이것이 어찌 추구할 만한 일이겠는가?"

그런 사람들은 돼지만도 못하다.[37]

장자는 새 이야기도 했다.

"옛날 노나라에 바다 새가 날아왔다. 노나라 군주는 술자리를 베풀고 음악을 연주해 그 진귀한 새를 대접했다. 그 결과는 어땠을까? 그 새는 먹지도 마시지도 않아 사흘 만에 죽고 말았다."[38]

---

[37] 『장자』「달생達生」참고.
[38] 『장자』「지락」참고.

노나라 군주는 새를 사랑한 것일까, 해친 것일까?

당연히 해친 것이다. 새의 삶이 무엇인지 고려하지 않았기 때문이다. 그래서 꿩은 열 걸음을 걸어 겨우 한 입 먹이를 쪼아 먹고 백 걸음을 걸어 겨우 한 모금 물을 마실지언정 새장 속에 갇혀 왕 대접을 받기를 원치 않는다.[39]

사실 문제는 힘든 것이 아니다. 진실하고 자유로운지, 바로 그것이 문제다. 따라서 남에게 힘든 삶을 강요하는 것만 옳지 않은 것이 아니라 남에게 행복한 삶을 강요하는 것도 옳지 않다.

그렇다. 자기가 하기 싫은 일을 남에게 하게 해서는 안 된다己所不欲, 勿施於人.

거꾸로 자기가 하고 싶은 일도 남에게 하게 해서는 안 된다己所甚欲, 勿施於人.

장자는 물론 위의 두 마디 말을 한 적이 없다. 첫 번째 말은 공자가 한 것이고[40] 두 번째 말은 아무도 명시적으로 한 적이 없다. 하지만 장자와 장자 학파로부터 논리적으로 그런 결론을 이끌어낼 수 있다. 사실 그들은 세속적인 추구를 비웃으면서 틀림없이 두 가지 문제를 이해했을 것이다. 그것은 곧 세상에서 무엇이 가장 소중하고 무엇이 가장 가치 있느냐는 것이다.

가장 소중한 것은 생명이다.

가장 가치 있는 것은 자유다.

155

---

39 『장자』「양생주養生主」 참고.
40 『논어』「안연」 참고.

인간에게 가장 소중한 것은 생명이며 생명의 가치는 자유에 있다. 그래서 사람들은 모두 진실하고 자유롭게 살아야 한다. 이것이 곧 장자와 장자 학파의 삶의 태도이자 그들이 남긴 소중한 유산이다.

하지만 그것이 과연 가능할까?

만약 불가능하면 또 어떻게 해야 할까?

제5장

생존의 도

약자가 살아남는다

병도와 병법

두 가지 삶의 태도

중용과 역설

군자는 스스로 노력한다

인간은 음흉하다

약자가
살아남는다

알려진 바에 따르면 노자에게도 스승이 있었다고 한다.

노자의 스승은 이름이 상용商容이었다.

상용이 중병에 걸렸을 때 노자가 그를 찾아가 말했다.

"마지막으로 이 제자에게 가르쳐주실 말씀이 있으신지요."

상용이 물었다.

"고향을 지나갈 때는 수레에서 내려야 하느니라. 알겠느냐?"

"근본을 잊지 말라는 말씀이십니까?"

"높은 나무 밑을 지날 때는 종종걸음으로 가야 하느니라. 알겠느냐?"

"어른을 공경하라는 말씀이십니까?"

상용이 입을 벌리며 또 물었다.

"내 혀가 아직 있느냐?"

"있습니다."

"이도 아직 있느냐?"

"하나도 없습니다."

상용은 또 물었다.

"알겠느냐?"

노자는 크게 깨달았다.

"강한 것은 없어지고 약한 것은 남는다는 말씀이십니까?"

그렇다. 강한 것은 망하고 약한 것은 살아남는다. 생존경쟁에서 결국 살아남는 것은 약자다. 상용도, 노자도 이런 관점을 갖고 있었다.

그런데 이 이야기는 진실일까?

아무도 모른다. 우리가 『노자』의 저자가 누구인지 모르는 것처럼. 이이李耳일까? 노담老聃일까? 태사담太史儋일까? 노래자老萊子일까? 아니면 이 이야기 속의 노자일까? 그럴 수도 있고 아닐 수도 있다.

여러 가지 자료에 따르면 『노자』는 공자와 장자 사이에 완성되었고 양주보다는 조금 늦었던 것으로 보인다. 양주, 노자, 장자는 각기 진나라 이전 도가의 세 단계를 대표한다. 다만 노자라는 인물은 정체가 불분명하며 심지어 여러 명이거나 어떤 단체일 가능성까지 있다.[1]

하지만 여기에서는 잠정적으로 '노자'라고 부르기로 하자.

『노자』를 관통하는 사상은 확실히 강한 것은 망하고 약한 것은 살아남는다는 것이다. 한번 생각해보자. 이 세상에서 가장 연약한 것은

159

---

1 선진시대 도가의 3단계 학설은 펑유란의 『중국철학간사』 참고.

무엇일까? 물이다. 또한 강한 것을 가장 잘 공략하는 것은 무엇일까? 역시 물이다. 아무리 견고한 성도 홍수가 밀어닥치면 사라지고 만다. 아무리 단단한 돌도 물방울이 쉴 새 없이 떨어지면 뚫리고 만다.

이를 가리켜 "약한 것이 강한 것을 이기고 부드러운 것이 억센 것을 이긴다弱之勝强, 柔之勝剛"[2]라고 한다.

그렇다면 약한 것은 어떻게 강한 것을 이기고 부드러운 것은 또 어떻게 억센 것을 이기는가?

다투지 않기 때문이다.

예를 들어 물은 누구와 다투는가? 다투지 않을 뿐만 아니라 양보한다. 물은 언제나 낮은 곳으로 흐르고 높은 곳을 남에게 양보한다. 또한 그것은 언제나 사람들이 가고 싶어 하지 않고 무시하는 곳에 머무는 동시에 모두가 원하는 것을 그들에게 선사한다.

그래서 노자는 이렇게 말했다.

물은 지고의 선이다上善若水.[3]

그러면 물과 가장 흡사한 것은 무엇일까?

여자다.

그렇다. 여자와 물은 적어도 네 가지가 같다. 부드럽고 약하며 수동적이고 아래에 위치한다. 섹스를 예로 들면 가장 일반적인 체위는 여 **160**

---

2 『노자』 제78장 참고.
3 위의 내용은 『노자』 제8장 참고.

자가 누워 남자를 받아들이는 자세다. 이를 가리켜 "고요하기 때문에 마땅히 아래에 처한다爲其靜也, 故宜爲下"라고 한다.

그 결과는 어떠할까?

여자가 남자를 삼키고 남자는 기진맥진해진다. 남자가 아무리 강하고 기운이 넘쳐도 결과는 마찬가지다. 그러므로 여자는 남자보다 대단하며 남자보다 끈질기다.

그래서 노자는 말했다.

천하가 모이는 곳으로서 암컷은 항상 고요함으로 수컷을 이긴다天下之交也, 牝恒以靜勝牡.

암컷은 여성성 혹은 여자를, 수컷은 남성성 혹은 남자를 가리킨다. 고요함으로 동적인 것을 제압하고 아래에 처해 위에 있는 것을 제압함으로써 여자는 승리를 거둔다. 이것은 세상의 모든 성관계의 법칙이다.

이로부터 다음과 같은 결론이 나온다.

여자는 남자보다 낫고 아래가 위보다 나으며 움직이지 않는 것이 함부로 움직이는 것보다 낫다.

노자는 이것이 보편적인 진리라고 생각했다.

그래서 노자는 말했다.

161

큰 나라는 강의 하류와 같으니 세상의 암컷이다大邦者. 下流也. 天下之牝.[4]

하류가 좋은가?

그렇다. 그것은 '백곡왕百谷王'이다.

'백곡百谷'은 '온갖 하천百川'이며 '왕王'은 '간다往'는 뜻이다. 온갖 하천
이 모이는 곳은 강이 바다로 합류하는 입구다. 이는 뭇 사람들의 기
대를 모으는 사람 즉 왕의 비유이기도 하다.

그러면 왜 모든 물은 바다로 흐르는가? 당연히 바다가 "낮은 자리
에 있기以其善下之" 때문이다. 다시 말해 겸허하고 공손하며 낮은 자세
를 취하는 데 능하기 때문이다. 이를 가리켜 "다투지 않기 때문에 천
하의 누구도 그와 다툴 수 없다以其不爭, 故天下莫能與之爭"[5]라고 한다.

아마도 이것이 노자의 왕도王道일 것이다.

이것은 당연히 생존의 도이기도 하다.

누구의 생존일까?

바로 약자다.

이것은 전혀 이상할 것이 없다. 본래 노자의 정치적 이상은 '인구가
적은 작은 나라小國寡民'에서 "개 짖는 소리와 닭 우는 소리가 서로 들
려도 백성들이 늙어죽을 때까지 서로 왕래가 없는 것鷄犬之聲相聞, 民至老
死不相往來"[6]이었다. 그러면 이런 사회는 어느 시대에 존재했을까? 가장

162

---

4 위의 내용은 『노자』 제61장 참고.
5 위의 내용은 『노자』 제66장 참고.
6 『노자』 제80장 참고.

늦게는 방국邦國 시대 초기, 가장 이르게는 부락과 씨족 시대였다. 전국 시대에 와서 씨족, 부락, 부락국가에도 남아 있었을까? 이미 사라진 옛일이 돼버렸다.

그래서 약자의 생존의 도는 왕도가 된다.

노자는, 대국과 군왕은 반드시 탐욕과 사치와 교만함을 버려야 한다고 거듭 이야기한다.[7] 그 대신에 강자로서 첫째, 자애로워야 하고 둘째, 검소해야 하며 셋째, 너무 앞장서지 말아야 한다.[8] 제일 좋은 것은 "스스로 낮추는 것爲之下"이다.[9] 낮은 데에 위치해야 도에 가까워지고 오래 유지할 수 있다.

바꿔 말해 대국은 다른 나라를 겸병하더라도 천천히 부드럽게 행해야지 포악하게 굴어서는 안 된다.

이것은 당연히 왕도다.

그런데 이상하게도 이것은 현실에서 자주 병도兵道로 간주되었다.[10]

---

7 『노자』제29장 참고.
8 『노자』제67장 참고.
9 『노자』제68장 참고.
10 당나라의 왕진王眞, 송나라의 소철蘇轍, 현대의 장타이옌章人炎과 마오쩌둥은 모두 『노자』는 병법서거나 병법서의 성격을 갖고 있다고 생각했다. 리쩌허우李澤厚의 『중국고대사상사론』 참고.

병도와
병법

확실히 노자는 손자孫子와 닮았다.

　손자는 『손자』의 저자인 손무孫武다. 알려진 바에 따르면 그는 오왕
吳王 합려闔閭의 군사 고문이자 교관, 장군으로서 『노자』의 저자보다 생
존 연대가 이르다. 따라서 노자가 손자와 닮은 것이지 손자가 노자를
닮은 것이 아니다.

　노자와 손자는 모두 물을 좋아했다. 손자는 이런 말을 했다.

　　군대의 운용은 물을 본받아야 한다兵形象水.

　예를 들어 물이 "높은 곳을 피해 낮은 곳으로 흐르듯避高而趨下" 군
대의 운용은 "적의 강한 곳을 피해 허점을 쳐야 하며避實而擊虛" 물이
"지형에 따라 흐름을 제어하듯因地而制流" 군대의 운용은 "적의 상황에

따라 승리를 제어해야 한다因敵而制勝." 그리고 물이 꼭 어떻게 흘러야 한다는 법이 없듯이 전투도 꼭 어떻게 치러야 한다는 법이 없다. 이것을 가리켜 "전쟁은 정해진 형세가 없고 물은 정해진 형태가 없다兵無常勢, 水無常形"라고 한다.

이처럼 손자는 전쟁의 최고 경지가 마치 흐르는 물처럼 순리를 따르고 변화무쌍해야 한다고 생각했다. 만일 적의 변화에 따라 승리를 취한다면 가히 용병의 신이라고 할 수 있다.

그래서 손자는 또 말했다.

병법의 극치는 형태가 없는 것이다形兵之極, 至於無形.[11]

손자도 '무無'를 숭상했음을 알 수 있다.

그런데 "물은 지고의 선이다"와 "군대의 운용은 물을 본받아야 한다"는 같은 이야기일까?

그렇지 않다.

겉으로 보면 노자와 손자 둘 다 "물은 낮은 곳으로 흐른다"는 것을 강조한다. 하지만 노자는 진정으로 자세를 낮추고 세상과 다투지 않는 것을 지향했다. 손자의 의도는 적의 약한 점을 노려 손을 쓰는 것이었다. 물과 같다는 것은 어딘가는 낮고 어딘가는 틈이 있으며 어디론가 움직인다는 것이다.

165

---

11 위의 내용은 「손자병법」 「허실虛實」 참고.

그러면 틈은 어디에 있을까?

손자는 틈에 해당하는 적의 다섯 가지 유형을 열거했다.

첫 번째는 '필생가살必死可殺'로서 싸움이 시작되기도 전에 희생을 각오하는 자다. 이런 자는 어렵지 않게 죽일 수 있다. 두 번째는 '필생가로必生可虜'라고 하는데 싸우기도 전에 살 생각부터 하는 자다. 이런 자는 단번에 사로잡을 수 있다. 세 번째는 '분속가모忿速可侮'로서 성질 급하고 화를 잘 내는 자이니 갖고 놀기 쉽다. 네 번째는 '염결가욕廉潔可辱'이다. 명예를 목숨보다 중요하게 생각하는 자이므로 모욕을 주어 계략에 빠뜨릴 수 있다. 다섯 번째는 '애민가번愛民可煩'인데 백성을 너무 사랑해 고민이 많은 자다. 이런 자는 그 약한 마음을 어지럽히고 협박을 가하면 된다.[12]

이와 비슷한 말을 노자도 한 적이 있다. 다만 그는 정반대의 논법을 사용했다.

노자는 말하길, "훌륭한 장수가 되는 사람은 무예가 뛰어나지 않고 싸움을 잘하는 사람은 노하지 않으며 적을 잘 이기는 사람은 남과 다투지 않는다善爲士者不武, 善戰者不怒, 善勝敵者不與[13]라고 했다.

왜 무예가 뛰어나지 않고, 노하지 않고, 남과 다투지 않는 것을 권장한 걸까?

손자의 사고방식을 따른다면 당연히 적에게 파고들 틈을 주지 않기 위해서다. 이와 관련해 손자는 "패배는 자신에게 달렸고 승리는

---

12 『손자병법』「구변九變」참고.
13 『노자』제68장 참고.

적에게 달렸다不可勝在己. 可勝在敵[14]라는 명언을 남겼다. 자기가 실수하지 않으면 패할 리 없지만 적도 실수하지 않으면 승리할 수 없다는 뜻이다. 결국 승리와 패배는 누가 실력이 있느냐가 아니라 누가 실수를 저지르느냐에 달려 있다.

그러므로 무예가 뛰어나서도, 노해서도, 남과 다퉈서도 안 된다. 무예가 뛰어나면 "싸움이 시작되기도 전에 희생을 각오하고必死可殺" 노하면 적이 "갖고 놀기 쉬워지며忿速可侮" 남과 다퉈 버릇하면 적의 의도적인 "모욕에 의해 계략에 빠질 수 있다廉潔可辱." 만약 이렇다면 적에게 승리를 선사하고 자신에게 실패를 남기는 것이 당연하다.

만약 손자라면 틀림없이 위와 같이 설명했을 것이다.

그러면 노자도 같은 생각이었을까?

그렇지 않다.

노자가 보기에 문제의 관건은 모략에도, 책략에도, 심지어 전략에도 있지 않고 어떤 시각으로 전쟁과 용감함을 보느냐에 있다. 전쟁에는 물론 용감함이 필요하다. 두 군대가 맞섰을 때 더 용감한 쪽이 이긴다는 것은 거의 상식이나 다름없다. 그러나 노자는 우리에게 세상에는 두 가지 용감함이 있다고 알려준다. 하나는 "과감함에 용감한 것勇於敢"이고 다른 하나는 "과감하지 않음에 용감한 것勇於不敢"이다. 이에 관해 노자는 아래와 같이 말했다.

14 『손자병법』「군형軍形」 참고.

과감함에 용감하면 죽고 과감하지 않음에 용감하면 산다勇於敢則殺, 勇於
不敢則活.[15]

이 말은 목숨을 보전하는 철학으로 이해되기 쉽다. 대담하게 돌진
하면 죽고 감히 돌진하지 못하면 산다는 식으로 말이다. 그러나 본래
뜻이 그러려면 원문이 "敢則殺, 不敢則活"(과감하면 죽고 과감하지 않으면
죽는다)가 돼야 한다. 그러면 노자는 왜 이 두 구절 앞에 '勇於' 두 글자
를 넣었을까?

왜냐하면 진정한 용감함은 '과감히 하는 것'이 아니라 '과감히 안
하는 것'이기 때문이다. '과감하지 못한 것'은 물론 용기가 없는 것이
지만 '과감히 안 하는 것'은 큰 용기가 필요하다. 사실 '과감하지 못한
것'은 본능에 불과하며 '과감히 안 하는 것'이야말로 일종의 경지에 해
당한다. 확실히 '과감하지 않음에 용감한 것'이야말로 가장 큰 용감함
인 것이다. 이를 소동파의 말을 빌려 말한다면 "대단히 용감한 자는
겁쟁이처럼 보인다大勇若怯[16]이다.

이것은 병법이 아니라 병도兵道다.

그래서 노자는 군대의 운용에 대해 잘 알면서도 군대를 부리지는
않았다. 그의 관점은 매우 명확했다. 즉 "바른 도로 군주를 보좌하
는 사람은 군대로써 세상에 군림하는 일이 없도록 해야 한다以道佐人主
者, 不以兵強天下"[17]라고 했다. 왜냐하면 군대는 불길한 수단이며 단지 부

---

15 『노자』 제73장 참고.
16 소식蘇軾의 「하구양소사치사계賀歐陽少師致仕啓」 참고.
17 『노자』 제30장 참고.

득이하게 사용하는 것이기 때문이다.[18] 그래서 천하에 도가 있으면 전쟁에 쓰는 말을 가져다 밭가는 데에 이용할 수 있다. 반대로 천하에 도가 없으면 새끼를 밴 암말까지 징용해 전쟁터에서 새끼를 낳게 한다.[19]

이것은 병도일 뿐만 아니라 왕도다.

왕도는 왕의 도이면서 왕의 휘하 군대의 병도이기도 하다. 그 핵심을 말해보면 첫째, 자애로워야 하고 둘째, 검소해야 하며 셋째, 너무 앞장서지 말아야 한다.[20] 이 세 번째 핵심에 대해 노자는, 감히 적극적으로 공격하지 않고 수동적으로 수비하며 감히 한 치 전진하지 않고 뒤로 한 자 후퇴하는 것이라고 말했다.[21]

노자가 이런 말을 한 것은 전혀 이상하지 않다. 그는 본래 약자의 생존을 강조했기 때문이다. 그래서 전쟁이 나면 하늘은 약자를 아끼고 보호한다. 이를 가리켜 "하늘이 사람을 구하고자 하면 자애로 그들을 지킨다天將救之, 以慈衛之"[22]라고 하며, "병력이 비슷한 두 군대가 만나면 슬퍼하는 쪽이 이긴다稱兵相若, 則哀者勝矣"[23]라고 하기도 한다.

왕도는 곧 천도天道다. 천도가 약자를 아끼고 보호한다면 틀림없이 인자하지 않을까?

그렇지 않다. 천도는 무정하다.

169

---

18 『노자』 제31장 참고.
19 『노자』 제46장 참고.
20 『노자』 제67장 참고.
21 『노자』 제69장 참고.
22 『노자』 제67장 참고.
23 『노자』 제69장 참고.

두 가지
삶의 태도

노자의 하늘은 정말 무정했나?

　무정했다. 노자는 확실히 그렇게 말했다.

　천지는 어질지 않아 만물을 추구芻狗로 여긴다天地不仁, 以萬物爲芻狗.[24]

　'추구'의 '추芻'는 본래 풀을 베는 것을 의미했다. 나중에 파생되어
가축을 먹이는 풀, 즉 '추초芻草'를 의미하게 되었으며 그 다음에 또 파
생되어 풀을 베는 사람, 즉 '추요芻蕘'를 의미하게 되었다. '요蕘'는 곧
땔감이므로 추요는 풀을 베고 땔나무를 자르는 사람을 말한다. 그래
서 누가 자신을 비하할 때 스스로 추요라고 말하곤 했으니 그 뜻은
초야에 묻힌 사람이었다. 그리고 자신의 의견이 천박하다고 말할 때
도 그 의견을 '추의芻議' '추언芻言' '추론芻論'이라고 했다. 이것들은 당연　**170**

24 『노자』 제5장 참고.

히 겸양의 말이다.

그러면 추구는 무엇일까?

모두 세 가지 해석이 있다. 첫 번째 해석은 풀과 개이며 두 번째 해석은 '추환芻豢' 즉 가축 혹은 제사용 희생물이다. 그것들 중 풀을 먹는 소, 말 등을 추라 하고 잡식성인 개, 돼지 등을 환이라 했다. 따라서 추구는 제사용 소, 말과 개, 돼지라는 것이다.

세 번째 해석은 풀로 엮은 개로서 '추령芻靈'이라고 한다. 추구는 제사를 지낼 때는 대단히 화려하게 치장된다. 그러나 제사가 끝나면 길가에 버려져 소와 말에게 밟히는, 아주 비천한 신세로 전락한다.[25]

위의 세 가지 해석은 모두 가능하다. 그리고 어느 해석에서든 추구는 비천하다는 뜻을 갖는다.

따라서 천지가 "만물을 추구로 여긴다"는 말은, 자신이 창조하고 생성시킨 만물을 천지가 무관심하게 버려두고 전혀 신경 쓰지 않는다는 뜻이다. 이래서 어질지 않고 무정하다고 하는 것이다.

그러면 천지가 이렇게 무정한데도 왜 또 "하늘이 사람을 구하고자 하면 자애로 그들을 지키고" 약자가 보호와 도움을 얻는다고 한 것일까?

왜냐하면 천도는 본래 그러하기 때문이다.

노자는 매우 분명하게 "세상에서 지극히 부드러운 것이 세상에서 지극히 단단한 것을 이겨낸다天下之至柔, 馳騁天下之至堅"[26]라고 했다. 이것

---

25 『장자』「천운」 참고.
26 『노자』 제43장 참고.

은 법칙이다. 법칙에는 감정이 없고 감정을 따지지도 않는다. 하늘도 정이 있다면 사람처럼 늙을 것이다. 따라서 천도에 정이 있다고 생각하는 것은 주관적인 착각이다.

천도는 무정하다. 그렇다면 사람은?

역시 그래야 한다.

그래서 노자는 아래와 같이 말했다.

성인은 어질지 않아 백성을 추구로 여긴다聖人不仁, 以百姓爲芻狗.

뜻은 역시 분명하다. 통치자와 지도자는 천지를 본받아야 한다는 것이다. 천지가 만물을 경시하듯 군주는 만민을 무시해야 한다. 그러나 경시가 능욕은 아닌 것처럼 무시도 무도함은 아니다. 만약 "추구로 여긴다"는 것을 유린, 박해, 살인으로 이해한다면 그것은 크나큰 잘못이다.

그러면 그것은 무엇일까?

사랑하지 않는 것일 뿐이다.

이른바 "사랑하지 않는다"는 것은 증오가 아니다. 사랑하지도 증오하지도 않는 것이다. 좀 더 정확히 말하면 관여치 않는 것이다.

관여치 않는 것이 옳다. 군주가 하는 일이 없으면 백성이 스스로 다스리고 군주가 무정하면 백성이 스스로 부유해지며 군주가 무능하

면 백성이 자유롭다. 이것이 곧 노장의 사상이 아닌가? 단지 백성을
추구로 여긴다는 말이 너무 귀에 거슬릴 뿐이다.

아마도 이것은 노자의 개성과 관련이 있는 듯하다. 제자백가 중에
서 노자와 한비가 가장 차갑다. 반면에 가장 뜨거운 인물은 묵자와
맹자다. 묵자는 인정이 많고 맹자는 정의감이 강하다. 반면에 한비는
냉혹하고 노자는 쌀쌀맞다. 노자의 도는 차갑기 그지없다.

그러면 장자는 어떨까?

장자는 정감이 넘치는 인물이다. 그의 도는 정취가 가득하다.

물론 장자도 군주의 무위를 주장하기는 했다. 하지만 그가 더 관심
을 두었던 것은 군주가 백성을 무엇으로 여기느냐가 아니라 스스로
자신을 무엇으로 여기느냐였다. 이것은 다른 사람이나 지도자를 어떻
게 보느냐보다 훨씬 더 중요하다.

과연 장자는 자신을 무엇으로 여겼을까?

무엇이든 상관없었다. 곤붕鯤鵬(곤은 크기가 몇 천 리인지 모르는 물고기이
며 붕은 곤이 변해서 된, 역시 어마어마하게 큰 새)이면 곤붕으로, 참새면 참새
로, 서시西施면 서시로, 추녀면 추녀로 여겼다. 곤붕, 참새, 서시, 추녀,
추구는 도 앞에서는 아무 차이가 없다.

따라서 추녀가, 아픔을 참느라 서시가 눈썹을 찡그린 것까지 예뻐
보여 따라한 것은 웃기는 일이다. 참새가, 붕새가 그렇게 높게 멀리
날아갈 필요가 없다고 생각한 것도 웃기는 일이다. 왜냐하면 "도의

관점에서 보면 이 세상에 귀하고 천한 것의 구분이 없기以道觀之, 物無貴
賤"때문이다. 이를 가리켜 '제물론齊物論'이라고 한다.27

이런 도는 무정할까, 그렇지 않을까?

뭐라고 말하기 어렵다. 하지만 장자의 삶의 태도가 노자와 다르다
는 것만은 확신할 수 있다. 노자는 약자가 생존하려면 바보인 척하고
모르는 척하여 잘난 자들의 기분을 맞춰줘야 한다고 생각했다. 그렇
게 가장해야만 끝까지 살아남아 웃을 수 있으니, 이것이 바로 노자가
주장한 생존의 도다.

그러나 장자는 가장을 권한 적이 없다. 그는 말하길, "그대는 살쾡
이를 보았는가? 겸손한 척 가장하고 웅크리고 있지만 사실은 작은 동
물을 잡으려고 기다리는 걸세. 그 결과는 어떨까? 이리저리 날뛰다
덫이나 그물에 걸려들고 만다네"28라고 했다.

사람도 마찬가지다. 똑똑한 사람은 자기만 옳다고 여기고 모자란
사람은 좀스러우며 말 잘하는 사람은 거만하고 말 못하는 사람은 수
다스럽다.29 그런데 이들의 공통점은 본성을 잊었다는 점이다. 그 결
과, 소인은 이익을 위해, 사인은 명예를 위해, 대부는 가문을 위해,
성인은 천하를 위해 목숨을 잃는다.30 본래는 그럴 필요가 전혀 없는
데도 말이다.

삶은 진실하고 자유로워야 한다. 그래서 장자는 유명인도, 책사도,
책임자도, 젊은이의 스승도 되지 말라고 했다.31 그런 직함과 책임은   **174**

---

27 『장자』「제물론齊物論」참고. 아울러 「소요유逍遙遊」와 「천운」도 참고.
28 『장자』「소요유」참고.
29 『장자』「제물론」참고.
30 『장자』「변무騈拇」참고.
31 『장자』「응제왕應帝王」참고.

전부 사람을 해친다는 것이 그의 생각이었다.

그러면 어떻게 살아야 하나?

허리에 쓸모없는 호리병을 매고 강호를 떠돌거나, 고기야 낚이든 말든 할 일 없이 강가에서 낚시를 하거나, 아무도 없는 광야에서 큰 나무를 찾아 그 옆을 거닐다가 피곤하면 그 밑에서 잠을 청한다.[32]

이런 삶의 태도를 '소요유逍遙遊'라고 부른다.

확실히 장자의 '소요유'와 노자의 '스스로 낮추는 것'은 각기 다른 삶의 태도다. 삶의 태도가 다르다는 것은 곧 도가 다르다는 것이다. 도가 다르면 서로 함께할 수 없다. 그런데도 노자와 장자가 같은 도가인 것은 일종의 기적이다.

그러면 유가는 어떠할까?

---

32 『장자』「소요유」 참고.

중용과
역설

도가는 도를 중시했고 유가는 덕을 중시했다.

덕의 최고 경지는 중용이다. 공자는 이렇게 말했다.

중용이란 바로 덕이니 그것은 지극하도다中庸之爲德也, 其至矣乎![33]

그러면 중용이란 무엇일까?

'중中'은 극단에 치우치지 않는 것이다. 그리고 '용庸'은 이상론을 떠들지 않는 것이다.

첫 번째 말은 이해하기 쉽다. 공자는 "지나침은 미치지 못함과 같다過猶不及"라는 명언을 남겼다.[34] 이 말은, 어떤 일을 과하게 처리하면 처리하지 않은 것과 같고 어쩌면 일을 망칠 수도 있음을 뜻한다. 그러면 어떻게 해야 옳을까? 모자라지도 넘치지도 말아야 한다. 대체로 **176**

딱 알맞은 것이 곧 중용의 도다.

중용은 사람됨과도 관련이 있다.

올바른 사람이 되기란 매우 어렵다. 어떤 사람이 질박하고 진실하며 솔직한 것은 좋은 일이다. 하지만 수양이 전혀 안 돼 있으면 상스럽고 거칠며 경솔해 보인다. 공자는 이를 두고 "바탕이 꾸밈을 이기면 촌스럽다質勝文則野"라고 했다. 반대로 꾸미는 데 치중해 지나치게 고상하면 오만하고 거짓되어 보인다. 이것은 "꾸밈이 바탕을 이기면 번지르르해진다文勝質則史"라고 했다.

그러면 또 어떻게 해야 좋을까?

'문질빈빈文質彬彬', 즉 바탕과 꾸밈이 조화를 이뤄야 한다.

'빈빈彬彬'은 바탕과 꾸밈이 적절히 겸비되었다는 뜻이다. 이 원칙은 고상함과 질박함에 적용될 뿐만 아니라 문文과 무武, 강剛과 유柔 등 서로 모순되고 대립되는 쌍방에 다 적용된다. 그래서 공자는 말했다.

바탕과 꾸밈이 조화를 이룬 뒤에야 군자라고 할 수 있다

文質彬彬, 然後君子.[35]

이것이 바로 '중'이다.

다음에는 '용'에 관해 알아보자.

한번은 누가 공자에게 이런 질문을 했다.

177

"은덕으로 원한을 갚는 것에 대해 어떻게 생각하십니까?"

이에 공자는 거꾸로 물었다.

"그러면 은덕은 무엇으로 갚는단 말인가?"

물론 은덕으로 원한을 갚는 사람도 있긴 하겠지만 대다수의 사람들은 그런 고매한 도덕을 실천하지 못한다. 그리고 사람들이 실천할 수 없는 일을 제창하는 것이 바로 이상론이다. 이상론은 거짓 군자를 낳을 뿐이다.[36]

하지만 반대로 원한으로 원한을 갚는 것도 제창해서는 안 된다. 원한으로 원한을 갚으면 보복이 끝도 없이 이어지기 때문이다. 그러면 우리는 과연 어떻게 해야 하는가?

공자는 아래와 같이 말했다.

원한은 곧음으로 갚고 은덕은 은덕으로 갚아야 하느니라

以直報怨, 以德報德.[37]

원한은 곧음으로 갚으라는 말은, 어떻게 갚아야 하고 또 어떻게 갚을 수 있는지 자기가 생각한 대로 행하라는 뜻이다. 따라서 원한을 은덕으로 갚을 수도 있고, 원한으로 갚을 수도 있고, 은덕으로도 원한으로도 아예 갚지 않을 수도 있다. 어떤 것이 됐든 그것은 전적으로 갚아야 하는지, 그리고 갚을 수 있는지에 달려 있다.

---

36 캉유웨이康有爲의 『논어주論語注』 참고.

37 『논어』「헌문」 참고.

이것은 누구나 실천할 수 있는 까닭에 '용'이다.

용은 바로 이상론을 삼가는 것이다.

그러면 은덕으로 원한을 갚는 것은 누구의 주장일까?

노자다.[38]

그러면 노자는 이상론을 주장한 것일까?

아니다. 역설이다.

노자도 이상론을 떠드는 사람은 아니었다. 그는, 물은 낮은 곳으로 흐르고 사람도 낮은 곳으로 숨는다고 주장했다. 이것은 이상론이 아니라 역설이다. 그리고 이런 역설은 『노자』 안에 가득하다. 예를 들어 모두가 약육강식을 이야기하는데 그는 약자가 살아남는다고 말하며, 모두가 강해져야 한다고 하지만 그는 부드러운 것이 낫다고 한다. 또한 모두가 남존여비를 이야기하는데 그는 여자가 더 우위에 있다고 말하며, 모두가 시대를 좇아 발전해야 한다고 하는데도 그는 원시시대로 돌아가는 것이 최선이라고 주장한다. 요컨대 "바른 말은 진실과 반대되는 듯하다正言若反."[39] 역설은 상식에 어긋나는 것처럼 보이지만 사실은 천도에 순응한다. 이것이 곧 노자의 사유방식이다.

그래서 덕이 높으면 덕 같지 않고 대의는 의로워 보이지 않으며 다정하면 무정한 듯하다.

이것들은 모두 역설이다.

그러나 노자가 역설을 주장한 것은 정도正道를 얻기 위해서였다. 그

---

38 『노자』 제63장 참고.
39 『노자』 제78장 참고.

래서 원한으로 원한을 갚으라고 할 수도 없었고(역설이 아니므로), 원한
으로 은덕을 갚으라고 할 수도 없었다(정도가 아니므로). 단지 은덕으로
원한을 갚으라고 할 수밖에 없었다. 은덕으로 원한을 갚으면 갚아지
는 것은 원한이지만 얻어지는 것은 은덕이다.

이것이 천도다.

안타깝게도 천도는 멀고 인도人道는 가깝다. 그래서 공자는 곧음으
로 원한을 갚으라고 했던 것이다. 공자가 중용을 말한 것은 인도를
중시했기 때문이며 노자가 역설을 말한 것은 천도를 중시했기 때문이
다. 그렇다면 천도와 인도를 다 말한 사람은 없을까?

순자가 바로 그랬다.

군자는
스스로 노력한다

순자의 학설은 백가쟁명이 거의 막을 내릴 때 등장했다.

백가쟁명은 묵자의 공자 비판에서 시작되었다. 그것은 춘추 시대와 전국 시대 사이의 일이었다. 그러나 묵가 학파는 갑작스레 일어났다가 역시 홀연히 사라져서 결정적으로 유가의 기반을 흔들지는 못했다. 묵가의 뒤를 이은 유가의 호적수는 도가였다. 전국 시대 초기에는 노자가 있었고 전국 시대 중기에는 장자가 있었다. 맹자는 장자와 같은 시대를 살기는 했지만 묵가는 비판했으되 도가는 비판하지 않았다. 그는 장자와 겨룬 적이 없으며 노자는 거론조차 하지 않았다. 따라서 순자가 없었다면 아마 백가쟁명은 흐지부지 끝나고 말았을 것이다.

순자는 그야말로 총결산을 시도했다.[40]

181   우리는 순자가 선진시대 유가의 세 번째 대가임을 알고 있다. 전국

---

40 『순자』 「해폐解蔽」 참고.

시대 말기의 사상가로서 그는 총괄적인 발언을 하고자 했다. 더욱이 유가 사상도 시대 조류에 발맞춰 변화해야 했다. 이렇게 역사의 사명이 순자에게 넘어갔다.

그러면 순자는 어떤 문제에 답해야 했을까?

천도와 인성이었다.

이것은 공자가 빠뜨린 문제였다. 자공도 자기 스승이 이 두 가지 화제를 거론한 적이 없다고 말한 바 있다.[41] 사실 정확히 말하면 공자는 천명만 이야기하고 천도는 이야기하지 않았으며 인심은 이해했으되 역시 인성에 대해서는 이야기하지 않았다. 왜 이야기하지 않았을까? 이 점은 깊이 음미해볼 만한 가치가 있다.

우선 천명이란 무엇인지 살펴보자.

천명은 천과 명을 포괄한다. 명은 두 가지가 있다. 하나는 생명, 다른 하나는 운명이다. 전자는 생사로 표현되고 후자는 빈부, 귀천, 궁달窮達로 표현된다. 그리고 빈부는 돈의 많고 적음을, 귀천은 지위의 높고 낮음을, 궁달은 길이 있느냐 없느냐를 가리킨다. 앞날이 탄탄대로인 것을 달이라고 하고 막다른 골목에 이른 것을 궁이라 한다.

그러면 명은 누가 정하는가?

생사, 빈부, 귀천, 궁달은 모두 하늘의 뜻에 달렸으니 이른바 "생사는 운명으로 정해져 있고 부귀는 하늘에 달렸다死生有命, 富貴在天."[42] 그렇다면 인간은 모든 것을 하늘의 뜻에 맡길 수밖에 없다. 그래서 공

41 『논어』「공야장公冶長」 참고.
42 『논어』「안연」 참고.

자는 천명을 논하면서도 명에만 관심을 두고 천에는 관심이 없었다.

천에 관심이 없었으므로 자연히 천도도 논하지 않았다.

그러나 공자와 달리 노자와 장자는 천도를 논했다. 더욱이 매우 조리 있게 논했다. 이로 인해 유가는 논쟁에서 열세에 처하게 되었다.

하지만 그들은 천도가 무엇인지 논했을 뿐, 천도의 목적까지는 논하지 않아서 사람들의 호기심을 만족시키지는 못했고 문제를 근본적으로 해결하지도 못했다. 이에 전국 시대 말기에 이르러 순자가 유가를 대표하여 천도를 논하게 된다.

순자의 천도론은 도가와 동일할까?

같은 점도 있고 다른 점도 있다.

같은 점은 둘 다 "천도로 인도를 설명한" 데에 있다. 그리고 다른 점은 천도에 대한 이해에 있다. 도가의 이해는 "천도는 행하는 것이 없다天道無爲"이며 순자의 이해는 "천도는 스스로 행한다天道自爲"이다. 순자는 다음과 같이 말했다.

하늘의 운행에는 정해진 법도가 있는데 그것은 요 임금으로 인해 존재하지도, 걸왕으로 인해 사라지지도 않는다天行有常, 不爲堯存, 不爲桀亡.[43]

이 말의 의미는 매우 분명하다. 자연계에는 고유한 법칙이 있고 그것은 사회의 집단적인 의지나 개인의 의지에 의해 바뀌지 않는다는

183

---

43 『순자』「천론天論」참고.

것이다. 순자는 말하길, 사람들이 추위를 싫어한다고 해서 하늘이 겨울을 멈출 리 없고 또 사람들이 먼 것을 싫어한다고 해서 땅이 광대하지 않을 리가 없다고 했다. 그러면 군자가 소인들이 시끄럽게 떠들어댄다고 해서 행동을 멈출까? 당연히 그럴 리 없다.

그래서 순자는 이렇게 결론을 내린다.

하늘에는 변함없는 상도常道가 있고 땅에는 상수常數가 있으며 군자에게는 상체常體가 있다天有常道矣, 地有常數矣, 君子有常體矣.

도는 법칙이고 수는 규칙이며 체는 표준이다. 다시 말해 하늘에는 영원불변의 법칙이, 땅에는 영원불변의 규칙이, 군자에게는 영원불변의 도덕규범과 행위의 준칙이 있다는 것이다.

천, 지, 인은 모두 스스로 행한다.

그렇다. 행하지 않는 것無爲이 아니라 스스로 행한다自爲. 이것은 도가의 사상적 무기를 이어받으면서도 도가와 명확히 경계선을 그은 결과다.

그러면 군자의 상체는 또 무엇일까?

자강自強 즉 스스로 노력해 발전을 도모하는 것이다.

순자는 군자와 소인의 차이점이 군자는 "자신에게 있는 것을 공경하고敬其在己者" 소인은 "하늘에 있는 것을 사모하는慕其在天者" 데에 있 **184**

다고 말했다. 다시 말해 군자는 자신에게 속한 것을 가장 중시한다는 것이다. 군자는 자신의 끊임없는 노력을 존중하고 터무니없는 희망을 갖지 않는다. 그리고 그래야만 나날이 발전할 수 있다. 온종일 하늘에서 떡이 떨어지기만 바라는 것은 소인의 생각이다.

아마도 순자의 생존의 도는 이럴 것이다. "하늘의 뜻에 모든 것을 맡기기보다는 스스로 노력해 발전을 도모해야 한다."

이것은 당연히 매우 고무적인 사상이다. 그래서 나중에는 일종의 민족정신으로 변화하기도 했다.

하늘의 운행은 굳건하니 군자는 이를 본받아 스스로 쉬지 않고 노력해야 한다天行健, 君子以自强不息.[44]

그렇다. 하늘이 스스로 행하니 사람도 스스로 행하고 하늘의 운행이 건실하니 사람도 스스로 노력한다. 이것이 순자 사상의 논리적 결론이다. 순자 이후에 『역전易傳』(『주역』을 체계적으로 풀이한 저작. 전국 시대 이래로 형성되었고 모두 7종류, 10편이 있다)이 나오고 동중서董仲舒와 '천인합일天人合一' 학설이 등장한 것은 다 우연이 아니었다.

하지만 이것은 나중에 거론할 이야기다.

185

44 『주역』 「건괘乾卦·상사象辭」 참고.

인간은
음흉하다

순자의 후예는 한비다.

한비는 순자의 제자였다.

난세를 살기는 했지만 순자의 삶의 태도는 대체로 낙관적이었다.
그는 심지어 이렇게 인간과 자연의 관계를 보았다.

하늘을 위대하게 여기고 생각하기보다는 물건을 축적하고 적절히 처리
하는 것이 낫지 않은가. 하늘을 따르고 찬양하기보다는 천명을 적절히
제어하고 이용하는 것이 낫지 않은가. 때가 오기를 바라며 기다리기보
다는 시대에 호응해 잘 활용하는 것이 낫지 않은가 大天而思之, 孰與物畜而制
之; 從天而頌之, 孰與制天命而用之; 望時而待之, 孰與應時而使之.[45]

윗글의 의미는 매우 분명하다. 자연을 숭상하고 따르며 기다리기보 **186**

45 『순자』「천론」참고.

다는 그것을 소나 말처럼 기르고, 통제하고, 이용하자는 말이다. 순자는 인간이 세계의 주인이 될 수 있다고 생각했다.

하지만 한비는 그렇게 낙관적이지 않았다.

한비는 인간의 삶이 매우 힘들다고 보았다. 더욱이 실제로 대처하기 힘든 것은 하늘이 아니라 사람이며, 그 중에서도 속마음을 헤아리기 어렵고 웃음 속에 칼을 감춘 사람이 특히 그렇다. 그래서 사람들의 삶은 마치 정글 속에 있는 것과도 같다. 왕후장상도, 일반 백성도 다 마찬가지다.

어떤 요리사를 예로 들어보자.

언젠가 진晉 문공文公이 식사를 하는데 담당 관리가 가져온 고기구이에서 머리카락이 나왔다. 이에 화가 난 문공은 요리사를 불렀다.

"네가 과인을 목이 막혀 죽게 하려는 것이냐?"

그것은 당연히 용서받기 힘든 중죄였다.

다행히 그 요리사는 냉정을 잃지 않고 머리를 조아린 채 말했다.

"소인은 세 가지 죽을죄를 지었습니다. 첫째, 칼을 날카롭게 갈아 썼는데도 고기만 잘리고 머리카락은 잘리지 않았습니다. 둘째, 꼬치로 고기를 꿰었는데도 고기만 보이고 머리카락은 보이지 않았습니다. 마지막으로 셋째, 고기를 센 불 위에서 구웠는데도 고기만 구워지고 머리카락은 타지 않았습니다. 소인은 실로 천 번, 만 번을 죽어야 마땅합니다!"

이 말은 누군가 자신을 함정에 빠뜨렸다는 뜻이었다. 다행히 문공은 어리석은 인물이 아니어서 진범을 잡도록 따로 명령을 내렸고 요리사는 그제야 액운을 면했다.

하지만 어떤 미녀는 그렇게 운이 좋지는 못했다.

그 미녀는 위 양왕魏襄王이 초 회왕楚懷王에게 선사한 여자였던 것으로 보인다. 초 회왕은 그녀를 보자마자 총애했고 왕후인 정수鄭袖도 그녀를 친자매처럼 대했다. 정수는 갖가지 예쁜 옷과 진귀한 보석을 꺼내 그녀에게 고르게 했다. 어쩌면 회왕보다 훨씬 더 그녀에게 잘해 주었다.

이에 회왕은 기뻐서 정수가 충신, 효자에 비견될 만하다고 말했다.

미녀도 감동하여 정수가 정말 착한 언니라고 생각했다.

그러던 어느 날, 미녀는 정수와 수다를 떨다가 문득 질문을 던졌다.

"언니가 보기에 내 외모에서 모자란 부분이 어딘가요?"

정수는 말했다.

"동생은 절세미녀인 걸 뭐. 단지 대왕께서는 동생의 코를 별로 안 좋아하시더라. 그러니까 코를 가리고 있으면 더 매혹적일 거야."

그래서 미녀는 그 다음에 회왕을 만났을 때 소매로 코를 가렸다.

초 회왕은 이유를 알 수가 없어 정수에게 물었다.

"새로 온 미녀가 왜 과인을 보고 코를 막았지?"

정수는 짐짓 모르는 척하다가 초 회왕이 굳이 대답을 요구하자 비 188

로소 입을 열었다.

"그 아가씨가 대왕의 입 냄새를 싫어한답니다."

그 뒤에 벌어진 일은 굳이 생각하지 않아도 알 수 있다. 그 미녀는 코를 잃고 말았다.

이계李季도 운이 나빴다.

연나라 사람 이계는 여행을 너무 즐겨서 자기 아내가 집에서 불륜을 저지르는 것도 몰랐다. 한번은 일정을 앞당겨 집에 돌아왔는데 낯선 남자가 벌거벗은 채 집밖으로 뛰쳐나가는 것이 아닌가. 이계는 아내와 첩을 불러 물었다.

"그 남자가 누구냐?"

두 여자는 시치미를 뗐다.

"아무도 없었는데요."

"그러면 내가 귀신을 보았다는 것이냐?"

두 여자는 그렇다고 말했다.

결국 이계는 개 오줌을 뒤집어썼다. 가축의 오줌을 뒤집어쓰면 귀신이 안 보이게 된다는 속설이 있었기 때문이다.[46]

한비는 이런 이야기들을 많이 거론했다. 하지만 그가 말하려던 이치는 단 한 가지, 즉 인간의 음흉함이었다. 인간은 세상에서 가장 무서운 동물이다. 이 점을 모르면 죽음을 피하기 어렵다.

189   그래서 군왕이든 백성이든 생존의 도는 노자의 약한 척도, 장자의

---

46 위의 내용은 모두 『한비자』 「내저설 하」 참고. 궈모뤄郭沫若와 리쩌허우는 모두 『역전』의 사상이 순자의 영향을 지대하게 받았다고 생각했고 이 책도 이에 찬동한다. 궈모뤄의 『청동시대靑銅時代: 周易之製作時代』와 리쩌허우의 『중국고대사상사론』 「순역용기요荀易庸記要」 참고.

소요도, 공자의 중용도, 순자의 자강도, 혹은 묵자의 의협도, 맹자의 정의도 아니다.

그러면 그것은 무엇일까?

방비다. 특히 옆에 있는 사람을 방비해야 한다.

이것은 상당히 기술을 요하는 일이다. 그래서 한비의 책에는 수많은 방법과 사례가 실려 있다. 신하가 임금을 속이고 나라를 도둑질하는 것에 관한 '팔간八姦', 군주가 권력과 지위를 잃는 것에 관한 '십과十過'가 그 예다. 이것들은 주로 왕과 제후에게 들려주기 위해 씌어졌다. 『한비자』 역시 국왕연수반의 교재였던 것이다.

물론 그런 방법과 사례는 術 즉 계략에 속한다. 이보다 더 중요한 것은 역시 법 즉 제도다. 제도는 언제나 필수 불가결한 것이다. 제도가 있어야 문명도 있다. 주공이 화하문명의 기초를 쌓기 위해 행한 가장 중요한 작업도 제도의 수립이었다. 다만 그 제도는 전국 시대 전에 이미 무너져 버렸다. 그러면 당시 사람들은 옛 제도를 회복해야 했을까, 아니면 새로운 제도를 수립해야 했을까?

이것도 인성에 대한 이해와 관련이 있었다. 제도와 인성, 이 두 문제에 관해 맹자, 순자, 한비는 각기 의견이 갈렸다. 당시 그들이 각자 자신의 의견을 펼치고 팽팽히 맞선 것은 제자백가의 마지막 논쟁이자 대단히 중요한 논쟁이었다.

그러면 그들이 어떤 이야기를 했는지 살펴보기로 하자.

제6장

제도와 인성

사람은 믿을 수 없다

맹자: 인성은 선을 지향한다

순자: 선은 악을 이긴다

한비: 인성은 본래 악하다

덕치냐 법치냐

결론 없는 백가쟁명

사람은
믿을 수 없다

한비는 같은 스승에게서 배운 동문에게 해를 당해 죽었다.

그 동문은 이사李斯였다.

이사와 한비가 순자의 제자였던 것은 방연龐涓과 손빈孫臏이 귀곡鬼谷 선생의 제자였던 것을 상기시킨다. 더욱이 나중에 이사가 한비를 질투했던 것처럼 방연도 손빈을 질투했다. 그 결과, 방연은 손빈을 함정에 빠뜨려 빈형臏刑(두 다리를 자르는 형벌)을 받게 했고 이때부터 본명(손빈孫賓)을 잃고 손빈孫臏으로 불리게 만들었다.

천신만고 끝에 목숨을 건진 손빈은 몰래 제나라로 도망쳐 제나라 장군 전기田忌의 참모가 되었다. 기원전 341년, 손빈은 계략을 써서 위나라 장군 방연을 마릉馬陵에서 격파했다. 이때 위나라 태자가 포로로 잡히고 방연은 스스로 목숨을 끊었다. 그리고 이듬해에는 상앙이 위나라가 타격을 입은 것을 노려 위나라 공자 앙卬을 격파하고 위나

라가 대량으로 수도를 옮기게 만들었다.[1]

그 당시의 위나라 군주는 바로 양 혜왕이었다. 양 혜왕은 손빈에게 첫 번째로 패하고 상앙에게 두 번째로 패했다. 그랬으니 맹자의 인의 운운하는 소리가 귀에 들어올 리 없었다.

한비의 신세는 손빈보다 더 비참했다.

손빈과 달리 한비는 한韓나라의 왕족 출신이었다. 하지만 안타깝게도 당시 한나라는 이미 쇠약해질 대로 쇠약해진 상태였다. 그의 주장을 한왕은 채택하지 않았다. 하지만 진왕 영정贏政은 그의 저서를 읽고 손에서 놓지 못했다. 나중에 영정은 한나라를 공격하면서 어떻게든 한비를 만나려 했다. 이에 한왕은 두려운 나머지 급히 한비를 진나라에 사신으로 보냈다.

이사는 긴장하지 않을 수 없었다.

그 당시 이사는 이미 영정의 객경홈卿(다른 나라 출신의 대신)이었다. 자신의 재주가 한비보다 못한 것을 알았던 그는 영정에게 이렇게 말했다.

"이 사람은 한나라의 공자인데 진나라에 충성을 바치겠습니까? 어쩌면 한나라의 첩자 노릇을 할지도 모릅니다."

포악한 영정은 더 생각해보지도 않고 한비를 감옥에 가뒀다.

사실 영정은 그를 죽일 생각까지는 없었지만 이사는 악독하기 그지 없었다. 즉시 사람을 보내 한비에게 독약을 마시게 했다. 한비는 진왕

---

1 『사기』「손자오기열전」과 「상군열전商君列傳」 참고.

에게 해명할 기회조차 못 얻고 그 독약을 마셔야 했다. 이때 그의 나이는 47세였다.

이에 대해 훗날 사마천은 분개를 금치 못하고 이렇게 서술했다.

"한비는 어째서 자신을 구하지 못했을까? 그는 일찍이 「세난說難」편(군주를 설득하는 방법을 서술한 글)을 쓰지 않았던가!"[2]

분명히 한비는 사람이 믿을 만한 존재가 못 됨을 알고 있었다.

미자하彌子瑕와 위衛 영공靈公의 예를 살펴보자.

미자하는 위 영공의 남자 애인이었다. 두 사람이 사이가 좋았을 때, 함께 복숭아 하나를 나눠 먹은 적이 있었다. 그때 위 영공은 말하길, "미자하는 과인을 사랑해서 맛있는 음식을 차마 혼자 먹지 못하는구나"라고 했다. 그런데 미자하가 나이 들어 미색이 사라지자 위 영공은 생각이 바뀌어 "미자하 이 놈은 먹고 남은 것을 과인에게 주었던 자다"라고 했다.

이러니 사람을 어떻게 믿을 수 있겠는가?

또 다른 이야기를 살펴보자. 역시 「세난」에 나오는 이야기다.

언젠가 정鄭 무공武公이 신하들에게 물었다.

"과인이 군사를 일으키려 하는데 어떤 나라를 토벌해야 좋겠소?"

한 대부가 말했다.

"호胡나라가 좋겠습니다."

정 무공은 벌컥 화를 냈다.

194

2 위의 내용은 「사기」 「노자한비열전」 참고.

"말도 안 되는 소리! 호나라는 우리와 형제가 아닌가!"

그래서 정 무공은 그 대부를 죽였다.

이 소식을 듣고 호나라는 기뻐하며 정 무공을 진짜 형제처럼 여겼다. 그런데 이처럼 호나라가 경계를 풀자마자 정 무공은 군대를 일으켜 일거에 호나라를 함락시켰다. 본래 그가 화를 내고 사람을 죽인 것은 전부 연막극이었던 것이다.[3]

보아하니 동문도 믿을 수 없고, 형제도 믿을 수 없고, 군신도 믿을 수 없는 듯하다. 설사 그 군신이 서로 애인 사이라고 하더라도.

그러면 부부는 어떨까?

역시 믿을 수 없다. 한비가 말하길, 위衛나라의 한 부부가 기도를 올렸다고 한다. 아내의 기도는 이랬다.

"원컨대 저희가 평안하게 살고 포폐布幣(전국 시대까지 쓰였던 삽 모양의 청동 화폐) 100개를 갖게 해주세요."

이에 남편이 말했다.

"당신은 역시 착해. 바라는 게 그렇게 소박하다니."

그러자 아내는 말했다.

"포폐 100개면 우리가 쓰기에 충분하잖아요. 돈을 더 벌어봤자 당신은 첩한테나 갖다 바치겠죠."[4]

부부도 믿을 수 없다. 그러면 부모는 어떨까?

마찬가지로 믿을 수 없다. 한비는, 백성들이 남자아이를 낳으면 축

3 『한비자』 「설난說難」 참고.
4 『한비자』 「내저설 하」 참고.

하하고 여자아이를 낳으면 죽이는 까닭이 남자아이는 노동력이지만 여자아이는 손해만 끼치기 때문이라고 말했다. 그렇다면 부모는 자식조차 계산속으로 대한다는 것이 아닌가?[5]

그래서 한비는 절대로 사람을 믿지 말라고 말했다.

심지어 그는 이렇게도 말했다.

"군주의 우환은 사람을 믿는 데에 있다."

특히나 군주는 절대로 왕후와 태자를 믿어서는 안 된다고 그는 말했다. 그들은 하루속히 군주가 죽기만을 고대하기 때문이라는 것이다.

정말 그랬을까?

정말 그랬다. 그 이유는 간단하다. 남자는 "오십 세가 돼도 호색을 포기하지 못하고" 여자는 "삼십 세가 되면 미색이 쇠하기" 때문이다. 그래서 왕후는 삼십 세만 넘으면 총애를 잃었으며, 그러면 덩달아 태자도 자리를 보전하기 어려웠다. 태자의 자리는 군주의 새 여자의 손에 들어갈 가능성이 컸다.

오직 군주가 죽어야 왕후는 태후가 되고 태자는 새 군주가 되어 편안히 두 다리를 뻗고 잠을 이룰 수 있었다. 만약 하늘이 야속하게도 도와주지 않으면 어쩔 수 없이 직접 손을 써야할 때도 있었다. 왕후와 태자는 군주와 가까이 있었기에 음모를 꾸미기가 편리했다.

그래서 한비는 한탄하며 말했다.

196

아내처럼 가깝고 자식처럼 친한 사이도 오히려 믿을 수 없는데 그밖에 또 믿을 사람이 있겠는가以妻之近與子之親而猶不可信. 則其餘無可信者矣![6]

한비는 대단한 사람이다! 군신, 부자, 형제, 부부처럼 유가에서 가장 중시하는 인간관계가 그의 눈과 붓 아래에서 적나라하고 피비린내 나는 이해 다툼과 계산으로 변해버린다. 따스한 온정의 베일이 사정없이 벗겨지면 너 죽고 나 살자 식의 아귀다툼이 드러난다.

이 얼마나 참담한 인생인가!

역사상 이처럼 노골적으로 인성의 악에 관하여 담담하면서도 논리 정연하게, 그리고 듣는 사람의 반응을 조금도 안 살피고 말한 사람은 없을 것이다.

이것은 일종의 진실에서 비롯된 냉혹함이다.

진실은 가장 강력한 법이다. 그래서 한비의 이 냉혹한 얼굴 앞에서는 공자의 너그러움도, 묵자의 집요함도, 장자의 낭만도 삽시간에 무게를 잃고 만다. 실제로 『한비자』를 읽고 나면 극기복례는 진부해 보이고 겸애는 억지스러워 보이며 소요는 경박해 보인다.

아마도 노자의 이 말만 의미를 잃지 않을 것이다.

천지는 어질지 않아 만물을 추구芻狗로 여긴다天地不仁. 以萬物爲芻狗.[7]

---

6 『한비자』「비내備內」참고.
7 『노자』제5장 참고.

추구의 철학은 무엇이어야 하는가?

인성의 선악은 어떻게 알 수 있는가?

맹자:
인성은 선을 지향한다

인성의 문제는 고자告子가 제기했다.[8]

   고자의 태도는 분명했고 관점도 명확했다. 첫째, 인성은 존재하며 선천적이다. 즉 그것은 인간의 천성이다. 둘째, 인간의 천성은 음식남녀 즉 자연적인 속성으로서 '식食, 색色, 성性'이다. 자연적인 속성 혹은 인간의 천성으로서 인성에는 선악이 없다.[9]

   맹자는 이에 동의하지 않았다.

   그래서 고자와 맹자 사이에 논쟁이 전개되었다.

   고자는 말했다.

   "타고난 것을 성性이라고 합니다."

   맹자가 반문했다.

   "타고난 것을 성이라고 하는 것은 흰 것을 희다고 하는 것과 같은 가요?"

---

8 고자는 생애가 알려져 있지 않다. 하지만 『묵자』에 등장한 적이 있기 때문에 나이가 묵자보다는 적고 맹자보다는 많았을 것이다.

9 『맹자』「고자 상」 참고.

"그렇습니다."

맹자가 또 물었다.

"그러면 흰 깃의 흰 것은 흰 눈의 흰 것과 같고 흰 눈의 흰 것은 백옥의 흰 것과 같은가요?"

"그렇습니다."

맹자가 다시 물었다.

"그러면 개의 성性은 소의 성과 같고 소의 성은 인간의 성과 같은가요?"

고자는 뭐라고 답했을까?

그것은 알려져 있지 않다.

『묵자』가 효시인 제자백가의 논쟁 관련 기록은 모두 상대가 말문이 막히는 것으로 끝난다. 『논어』처럼 생생하게 씌어진 기록은 보기 드물다.

하지만 맹자의 생각은 분명하게 알 수 있다.

첫째, 추상적으로 성질을 논해서는 안 된다. 추상적으로 논하면 깃털과 눈송이와 옥은 구별 없이 모두 흰 것이다. 여기에서 확장하면 흰 깃, 흰 눈, 백옥과 흰 말, 흰 양, 흰 개도 역시 구별이 없고 모두 흰 것이다. 그렇다면 이런 성질이 무슨 의미가 있겠는가?

둘째, '인간의 천성' 같은 것을 논하면 안 된다. 천성은 인간이나 동물이나 별 차이가 없다. 예컨대 먹고 후손을 낳는 것은 동물도 할 수 있다. 심지어 생각도 하고 행동도 한다. 이런 것으로 '인성'을 삼는다면 어찌 "개의 성은 소의 성과 같고 소의 성은 인간의 성과 같지" 않겠는가?

따라서 인간의 성을 논하면 안 된다. 논하려면 사회성을 논해야 한다.

그러면 인간의 사회성에는 선악이 있을까?

맹자는 있다고 생각했고 고자는 없다고 생각했다.

고자는 말하길, "타고난 인성은 물과 같아서 동쪽으로 트면 동쪽으로 흐르고 서쪽으로 트면 서쪽으로 흐르는데 선악의 구분이 어디 있겠습니까?"라고 했다.

이것은 매우 일리 있는 말인 듯하다.

이어서 맹자가 입을 열었다.

"맞습니다. 물의 흐름은 확실히 동쪽과 서쪽의 구분이 없지요. 하지만 설마 아래위의 구분도 없겠습니까? 이처럼 물도 아래위의 구분이 있는데 설마 사람에게 선악의 구분이 없겠습니까?"

그러면 도대체 어떻게 구분된다는 것일까?

수성水性은 아래를 지향하고 인성은 선을 지향한다.

이것도 일리 있는 말로 들린다. 확실히 높은 곳으로 흐르는 물은 없으며 선을 지향하지 않는 사람도 없기 때문이다.

201 하지만 그렇다고 해서 문제가 없는 것은 아니다.

먼저 떠오르는 문제는 이것이다. 위의 논리에 따라 인성은 본래 선하다고 말할 수 있을까?

그렇지 않다. 선을 지향할 뿐이다. 마치 수성이 본래 아래에 있는 것이 아니라 아래를 지향하는 것처럼 말이다. 물은 아래로 나아가는 특성이 있고 사람은 선량함으로 나아가는 특성이 있다. 이를 가리켜 "인성이 선한 것은 물이 아래로 흐르는 것과 같다人性之善也, 猶水之就下也"고 했다.

인성은 선을 지향한다는 것이야말로 맹자의 관점이다. 본래 선하다는 것은 아니다.

그렇다면 모든 사람이 선을 지향할까?

그렇다. 이를 가리켜 "사람치고 선하지 않은 사람이 없고 물치고 아래로 흐르지 않는 물은 없다人無有不善, 水無有不下"고 했다.

그렇다면 왜 악행을 저지르는 사람이 계속 생기는 걸까?

환경과 조건 때문이다. 물길을 막으면 물이 산 위로 흘러가는 것과 같은 이치다. 하지만 그렇다고 해서 그것이 물의 본성이라고 말할 수 있을까?

당연히 그럴 수 없다. 단지 외부의 힘에 의해 그렇게 된 것일 뿐이다.

마찬가지로 인성이 선을 지향하는 것도 일종의 가능성일 뿐이어서 반드시 선해지지는 않는다. 선에 맞는 환경과 조건이 만들어지고 제공되어야 선해진다. 그렇지 않으면 반대로 악해질 수도 있다. 요컨대 **202**

인성은 본래 선한 것이 아니라 선해질 수 있을 뿐이다.

여기에서 또 다른 의문이 생긴다. 그러면 인성은 어떤 연유로 선해질 수 있을까?

인성 안에 본래 선의 가능성이 존재하기 때문이다. 그것은 측은지심惻隱之心(동정심), 수오지심羞惡之心(수치심), 공경지심恭敬之心, 시비지심是非之心(옳고 그름을 가릴 줄 아는 마음)이다. 이 네 가지는 누구나 자기 안에 갖고 있다. 맹자는 이에 대해 아래와 같이 말했다.

> 사람이면 누구나 측은지심과 수오지심과 공경지심과 시비지심을 갖고 있다惻隱之心, 人皆有之; 羞惡之心, 人皆有之; 恭敬之心, 人皆有之, 是非之心, 人皆有之.

맹자는 이것이 공통의 인성이라고 생각했다. 그리고 여기에서 나온 것이 공통의 가치, 즉 인의예지仁義禮智다. 이 중에서 측은지심은 인, 수오지심은 의, 공경지심은 예, 시비지심은 지다.

따라서 인의예지는 결코 외부 세계가 강요하는 것이 아니라 누구나 본래 갖고 있는 것이다. 단지 사람들이 이를 의식하지 못하고 있을 뿐이다. 사실 진지하게 생각하고 애써 노력한다면 "누구나 요순 같은 성인이 될 수 있다人皆可以爲堯舜."[10]

반대로 선의 가능성을 버리면 악인이 되는데 이를 가리켜 "구하면 얻고 버리면 잃을 것이다求則得之, 舍則失之"[11]라고 했다.

203

---

10 『맹자』「고자 하」참고.
11 『맹자』「고자 상」참고.

이것이 바로 세상에 선과 악이 존재하는 원인이다.

인의도덕의 인성과 관련된 근거도 여기에 있다.

이것은 당연히 유학에 대한 중대한 공헌이며 중국 문명에 대한 공헌이기도 하다. 핵심적인 가치관을 제시해주었기 때문이다.

아직도 남아 있는 문제가 있을까?

그렇다. 우리는 또 물어야 한다. 맹자의 견해에 따르면 인간은 천성이 없는 셈인데 인간의 사회성은 타고난 것이 아니란 말인가? 그렇다면 인간은 어떻게 가르침 없이도 측은지심, 수오지심, 공경지심, 시비지심을 갖고 있는 걸까? 인성 속의 선을 지향하는 이런 가능성들은 어떻게 "밖에서 주어진 것非由外鑠"이 아니고 "본래 갖고 있는 것我固有之"일 수 있는가?

이것은 분명히 논리적 허점이다.

이 허점을 보완하지 못했다면 유가는 토대를 세우지 못했을 것이다.

그러면 누가 이 허점을 보완했을까?

바로 순자였다.

순자:
선은 악을 이긴다

순자는 인성이 둘로 나뉜다고 주장했다.

그 절반은 성性이고 나머지 절반은 위僞다.

성이란 무엇인가? 나면서부터 갖춰진 것을 성이라 한다.[12] 위란 무엇인가? 배워서 능할 수 있고 전념하여 이룰 수 있는 것을 위라고 한다.[13]

의심의 여지없이 성은 인간의 자연적인 속성이며 위는 인간의 사회적 속성이다. 이 두 가지를 합쳐야 오늘날 우리가 말하는 인성에 합치된다. 이것을 순자는 '성위지분性僞之分'이라고 불렀다.

이런 구분은 무슨 의미가 있을까?

선악의 문제를 해결하는 데 의미가 있다.

어떻게 선악의 문제를 해결할까?

요컨대 악은 성에서 비롯되고 선은 위에서 비롯되며 성은 악하고

205

---

12 『순자』「정명正名」 참고.
13 『순자』「성악性惡」 참고.

위는 선하다고 한다.

성은 곧 악이고 위는 곧 선이라는 이 관점은 확실히 절묘하다.

이로써 우리는 드디어 유가가 주장한 인의도덕과 맹자가 주장한 선을 지향하는 마음이 어디에서 비롯되는지 알게 된다. 순자의 견해에 따르면 그것들은 교육과 훈도와 개조의 산물이다. 그래서 선은 사회성이다. 교육되고 훈도되고 개조되기 이전의 성은 악하다.

이것이 바로 순자의 '성악론'이다.

부연하자면 순자의 성악론은 인성이 악하다는 것이 아니고 인성이 본래 악하다는 것은 더더욱 아니다. 그것은 인간의 자연적인 속성이 악하다는 것이다. 그런데 사회적인 속성은 선이고 또 선이어야 하며 선일 수밖에 없다고 한다.

그래서 맹자의 인성론은 "인성은 선을 지향한다"는 것이지 "인성은 본래 선하다"는 것이 아니다. 순자의 인성론도 "인성에는 악이 있다"는 것이지 "인성은 본래 악하다"가 아니다. 본래 악하다는 것은 한비의 주장이지 순자의 주장이 아니다.

본래 악한 것과 악이 있다는 것은 어떤 차이가 있을까?

인성이 본래 악하다고 간주하면 아직 희망이 있다. 왜냐하면 인성 속에는 성 외에도 위가 있기 때문이다. 성이 위와 싸워 이기면 악인이고 위가 성과 싸워 이기면 선인이다. 누가 선한지 악한지는 그가 성과 위, 둘 중에서 무엇을 택했느냐에 달렸다.

그러면 위는 성과 싸워 이길 수 있을까?

그렇다. 성은 자연에 속한 것이고 위는 인간에게 속한 것이기 때문이다. 인간은 자연을 이기게 되어 있다. 여기에는 악한 천성과 타고난 악과 싸워 이기는 것도 포함된다.

이것을 가리켜 '화성기위化性起僞'라고 한다.

화는 바꾼다는 뜻이고 기는 일으킨다는 뜻이다. 따라서 '화성'은 천성을 바꾸는 것이며 '기위'는 선심善心을 일으키는 것이다. 바꿔 말하면 인간의 사회성으로 인간의 동물성과 자연성을 개조하는 것이다. 이것은 순자의 세계관과 완전히 일치한다. 그의 자연론과 인간론도 고도로 통일되어 있다.

순자의 낙관주의는 일리가 없지 않다.

그래서 순자는, 인간은 스스로 행하고 군자는 스스로 노력해 발전한다고 말했다. 또한 맹자와 유사한 결론을 얻었으니, "길거리의 사람도 우 임금 같은 성인이 될 수 있다途之人可以爲禹"라고 하였다. 다시 말해 보통 사람도 '화성기위'하기만 하면 고상한 사람이 될 수 있다는 것이다.

이런 주장은 그의 사유가 맹자와 방법은 달라도 결과는 같음을 보여준다.

실제로 맹자와 순자는 모두 인성이 도덕의 기초임에 동의했고 인간의 사회성이 선이라고 생각했으며 인류 사회에 선과 악, 두 가지 가능성이 있음을 인정했다. 물론 적지만 차이점도 있기는 하다. 맹자는 선의 경향을 더 중시하고 그것을 물로 간주하여 잘 인도해야 한다고 주장했다. 반면에 순자는 악의 가능성에 더 주목하여 그것을 불로 간주하고 잘 방비해야 한다고 주장했다. 그 결과는 어땠을까? 맹자는 인의를 논하는 데 치중했고 순자는 예악을 논하는 데 치중했다. 그들은 각기 다른 방향으로 공자를 계승한 것이다.

하지만 아래와 같은 부분에서 또 의견이 갈라진다.

맹자의 관점과 논리에 따르면 인간의 내면은 비록 타고난 선은 없어도 선을 좇는 경향이 있어서 잘 이끌고 수양하게 하기만 하면 된다. 그러므로 사상 교육이 쓸모가 있으며 덕으로 나라를 다스리는 것도 실행 가능하다.

그래서 맹자는 흔히 유가의 정통으로 간주된다.

그가 끊임없이 사랑의 마음과 인의 정치와 왕도를 이야기하고 국왕연수반을 만들어 군왕을 통해 천하를 바로잡고자 한 이유도 여기에 있다.

하지만 순자는 문제를 그렇게 단순하게 보지 않았다. 그는 인성 속의 악이 태어나면서부터 갖춰진 선천적인 것이라고 생각했다. 이것은 인도할 수가 없어서 어쩔 수 없이 방비하고, 개조하고, 억눌러야 한다. 전쟁처럼 격렬한 그 과업은 오로지 성인만이 해낼 수 있다.

이어서 순자는 이런 주장을 펼쳤다. 인간의 천성이 악하다는 것을 **208**

알기에 성인은 군권君權을 세워 통치하고, 예의를 정해 교화하고, 법도를 만들어 다스리고, 형벌을 무겁게 해 범죄를 금지함으로써 천하가 잘 다스려지고 선에 부합하게 한다고 말했다. 군권, 예의, 법도, 형벌을 '화성기위'의 수단이자 천하를 다스리는 경로로 본 것이다.

　여기에서 우리는 법가와 전제주의의 그림자를 확인할 수 있다. 따라서 이 선진 시대 유학의 마지막 대가의 제자가 나중에 법가의 집대성자가 된 것은 결코 우연이 아니다.

　모두가 알다시피 그 제자는 바로 한비다.

한비:
인성은 본래 악하다

한비는 순자보다 한 발 더 나아갔을 뿐이다.

앞에서 말한 대로 공자는 인성에 관해 이야기하지 않았다. 아마도 그는 그것에 깊은 함정이 도사리고 있음을 알았을 것이다. 그리고 맹자는 소극적으로 인성에 관해 이야기하면서 유보적인 태도로 선에 관해서만 이야기하고 악에 관해서는 이야기하지 않아 결국 허점을 남기고 말았다. 순자는 그 허점을 보완하기 위해 어쩔 수 없이 인성을 선천적인 성과 후천적인 위, 이 두 가지로 나누었다. 그는 전자를 악으로, 후자를 선으로 보았다. 이 주장은 대단히 중요하다. 왜냐하면 어떻게 최후의 방어선을 지키더라도 그는 사실상 인성 속에 악이 있음을 인정한 것이기 때문이었다.

그것은 일종의 임계점이었다.

이 시점에서 누가 한 발자국만 더 나아가면 질적 변화가 일어날 수 있었다.

결국 한비가 정말로 그 한 발자국을 내디뎠다. 더욱이 그가 몇 가지 이야기를 한 것만으로 유가의 윤리는 완전히 붕괴되어 백기를 들어야 했다.

이제부터 한비의 이야기를 살펴보자.

한비는 병사를 자식처럼 사랑했다는 병법가 오기의 이야기를 거론했다. 오기가 위나라의 장군으로 중산국中山國을 공격할 때 한 병사가 몸에 종기가 났다. 그는 무릎을 꿇고서 그 병사의 종기에 입을 대고 고름을 빨아주었다.

그런데 이 광경을 보고 그 병사의 어머니가 갑자기 대성통곡을 했다. 이에 어떤 사람이 물었다.

"장군께서 이렇게 병사를 사랑하시는데 왜 우는 겁니까?"

그녀는 흐느끼며 말했다.

"옛날에 오기 장군이 이렇게 제 남편을 대해주셨는데 결국 남편은 전사했어요. 그러니 내 아들도 전사해야 하지 않나요?"

이 이야기를 마치고 한비는 아무 의견도 달지 않았다. 그런데 그는 같은 「외저설外儲說 좌상」 편에서 또 다른 이야기를 했다.

"일꾼이 지주를 위해 농사를 짓는데 지주가 밥도 주고 돈도 준다면 그것이 일꾼을 사랑하기 때문인가? 아니다. 일꾼이 더 열심히 일해주기를 바라기 때문이다. 일꾼이 땀을 뻘뻘 흘리며 힘껏 밭을 가는

211

것이 지주를 사랑하기 때문인가? 역시 아니다. 더 좋은 밥을 먹고 더 많은 돈을 벌기 위해서다."[14]

이 말을 근거로 추론한다면 오기가 병사를 위해 종기의 고름을 빨아준 것도 그를 사랑해서가 아니라 그를 전투의 희생자로 만들기 위해서였음을 알 수 있다. 그렇다. 진晉나라 사람 왕량王良은 말을 사랑하는 것으로 유명했고 월왕越王 구천句踐은 백성을 사랑하는 것으로 유명했지만 그 결과는 어땠나? 말도 백성도 그들에 의해 전쟁터로 보내졌다.[15]

그래서 한비는 이어서 말했다.

"수레 파는 사람은 남이 부귀해지길 바라고 관 짜는 사람은 남이 일찍 죽기를 바란다. 그것이 설마 앞 사람은 인자하고 뒷사람은 잔인하기 때문일까? 그렇지 않다. 부귀한 사람이 없으면 수레가 팔리지 않고 죽는 사람이 없으면 관이 팔리지 않기 때문이다. 수레 파는 사람이든 관 짜는 사람이든 다 자신의 이익을 따지는 것에 불과하니, 무슨 인의나 도덕과는 무관하다."

이 말은 문제를 명확히 설명해준다.

실제로 인성이 선한지 악한지는 그렇게 복잡하게 따질 필요가 없다. 인간관계를 살피기만 하면 된다. 만약 사람과 사람 사이에 사랑이나 의리가 있다면 인성은 본래 선하거나 선을 지향한다고 할 수 있지만 그와 반대라면 그렇다고 할 수 없다.

212

14 『한비자』「외저설 좌상」 참고.
15 『한비자』「비내」 참고.

그렇다면 한비의 이 이야기들 속에서 사람과 사람 사이의 관계를 규정하는 것은 사랑인가, 의리인가, 이익인가?

이익이다.

한비는 말하길, 어리석은 사람이든 똑똑한 사람이든 어떤 선택을 할 때는 반드시 취하고 버리는 것이 있게 마련이라고 했다.[16] 이때 취하고 버리는 것의 기준은 무엇일까? 이익은 좇고 손해는 피하는 것이다. 이것이 인지상정이다.[17] 그러므로 "이익이 있는 곳에는 백성들이 모이고 명예가 있는 곳에는 사인들이 목숨을 걸고 덤빈다利之所在, 民歸之; 名之所彰, 士死之."[18] 사람들은 오로지 명예와 이익을 뒤좇게 마련이다. 노나라의 양호陽虎(노나라의 세 권신인 삼환씨三桓氏 중 계손사季孫斯의 가신. 재물과 인력을 모아 세력을 구축하고 자신의 주군을 비롯한 삼환씨 전체를 멸하고자 정변을 일으켰지만 실패했다)가 하극상을 범했음을 인정하지 않는 사람은 없다. 그러나 큰 이익이 생긴다고 하면 천하의 어떤 신하인들 양호가 되지 않겠는가?[19]

결국 인성은 본래 악하다.

그래서 이익을 도모하지 않는 사람도 없고 계산속이 없는 사람도 없다.

사람들에게 존경을 받던 백락도 예외가 아니었다. 그는 말을 고르는 법을 가르치면서 싫어하는 제자에게는 천리마를 고르는 법을, 좋아하는 제자에게는 평범한 말을 고르는 법을 가르쳤다. 이에 대해 백

---

16 『한비자』「해로解老」참고.
17 『한비자』「간겁시신奸劫弑臣」참고.
18 『한비자』「외저설 좌상」참고.
19 『한비자』「난사」참고.

락이 높은 인격의 소유자였다고 생각하는 사람도 있을 것이다. 그러나 사실은 그렇지 않다. 천리마는 너무 드물어서 돈을 벌기 어렵지만 평범한 말은 매일 사고 팔리기 때문에 수월하게 돈을 벌 수 있다. 백락이 그렇게 제자를 가르친 데에는 나름대로 계산속이 있었던 것이다.[20]

군신관계도 이와 마찬가지다.

한비는, 군주와 신하는 본래 특별한 관계가 아니라고 말한다.[21] 그들이 손을 잡는 이유를 보면 군주는 신하의 두뇌가 필요하고 신하는 군주의 포상을 탐내기 때문이다. 그래야만 그들은 그럭저럭 한 배를 탈 수 있다. 하지만 꼭 기억해둬야 할 사항이 있다. 자기에게 해가 되고 나라에 득이 되는 일을 신하가 할 리는 없다. 또한 나라에 해가 되고 신하에게 득이 되는 일을 군주도 할 리가 없다. 요컨대 군신관계는 서로 계산이 맞아야만 비로소 성립되고 공고해진다.

그래서 한비는 이렇게 말했다.

군주는 계산을 갖고 신하를 기르고 신하도 계산을 갖고 군주를 섬긴다. 군주와 신하는 서로 계산하는 사이인 것이다君以計畜臣, 臣以計事君, 群臣之交, 計也.[22]

이것은 실로 놀랍고도 일깨워주는 바가 큰 발언이다.

---

20 『한비사』 「실림 허」 참고.
21 전국 시대 말기에는 군주와 신하의 관계가 춘추 시대와 전국 시대 전기와는 달랐다.
22 『한비자』 「식사飾邪」 참고.

그러나 그의 말은 지나치게 기발해서 편협함을 면하기 어렵다. 사실 사회는 그가 말하는 것처럼 그렇게 암담하지 않고 사람의 마음도 그렇게 음흉하지 않다. 그의 저서에 등장하는 인물을 봐도 착한 사람이 한 명도 없지는 않다.

하지만 그의 견해는 편협하면서도 심오한 점이 있다. 그 심오함은 "사람은 믿을 수 없으며 믿을 수 있는 것은 제도다"라는 생각에서 두드러진다.

이것은 겉으로 보면 전혀 새로운 점이 없다. 사실 유가와 묵가, 두 학파가 이미 제도를 중시했기 때문이다. 유가가 예를 숭상하고 묵가가 '모든 사람의 의견을 윗사람에게 일치시킨'(상동尙同) 것이 바로 제도다. 그러나 유가와 묵가의 제도는 인이나 겸애를 전제로 삼는다. 즉, 도덕을 더 중시하는 것이다. 그들의 제도는 오직 성인군자만 실시할 수 있다.

한비는 완전히 다르다.

한비가 인성이 본래 악한 이상, 사람이 선해지거나 선행을 하기를 기대하는 것은 무리라고 생각했다. 이럴 때 유일하게 할 수 있는 일은 제도로써 사람들의 악행을 방비하는 것이다. 한비는 이렇게 말했다.

사람들이 나에게 선량할 것이라고 믿는다면 나라 안에서 그런 사람은
215   열을 헤아리지 못하지만 사람들이 비리를 저지를 수 없게 하면 온 나라

가 가지런해진다恃人之爲吾善也, 境内不什數; 用人不得爲非, 一國可使齊.[23]

이 말의 의미는 분명하다. 자율적이고 자각적인 진짜 군자는 나라 안에 열 명도 찾기 힘들므로 법을 시행해 감히 아무도 어기지 못하게 해야 천하가 태평해진다는 뜻이다. 따라서 사상 교육은 쓸모가 없고 덕으로 나라를 다스리는 것도 안 되며 쓸모 있는 것은 오직 '양면삼도兩面三刀'다. 양면은 상과 벌이고 삼도는 권세와 권모술수와 법이다. 그리고 이 모든 것을 합친 것이 바로 한비가 말하는 '법치'다.

이것은 당연히 전복적인 생각이었다. 중국 문명의 정통과 전통은 사람을 근본으로 삼고 덕으로 나라를 다스리며 예로 질서를 세우고 악으로 조화를 이루는 것이기 때문이었다. "법으로 나라를 다스린다"는 말은 매우 낯설었다.[24]

그래서 덕치와 법치가 백가쟁명의 마지막 쟁점이 되었다.

---

23 『한비자』「현학」참고.
24 『한비자』「유도」참고.

덕치냐
법치냐

논쟁은 공자의 시대에 시작되었다.

노 소공昭公 29년(기원전 513), 진晉나라는 정나라 자산子産의 뒤를 이어 형정刑鼎(형법의 조문을 새긴 세발 솥)을 주조해 백성들에게 형법의 조문을 공개했다. 그것은 의심의 여지없이 법가 사상과 그 실천의 첫 신호였다. 왜냐하면 법가의 주장은 "법은 드러날수록 좋아서法莫如顯"[25] "백성들이 그것을 알게 해야使民知之"[26] 한다는 것이었기 때문이다. 실제로 공개해야 공정하고 공정해야 공평하다는 것은 법치의 기본 원칙이다.

그러나 공자는 반대했다.

반대의 이유는 예치를 수호하기 위해서였다. 예치를 수호하려면 형법의 공포를 막아야 했다. 왜냐하면 예치의 핵심은 '존존尊尊'이기 때문이었다. 첫 번째 '존'은 동사로서 우러러 존경한다는 뜻이며 두 번째

25 『한비자』「난삼」 참고.
26 『한비자』「오두」 참고.

'존'은 명사로서 존귀한 사람, 즉 귀족을 의미한다. 그리고 형법의 조문을 귀족이 관리하고 형벌의 재량권을 역시 그들이 독점하는 것은 '존존'의 구현 중 하나였다.

그래서 공자는 "백성들이 형정을 살필 수 있다면 무엇으로 귀족을 존경하겠는가民在鼎矣, 何以尊貴?"[27]라고 말했다. 다시 말하면, 백성들이 다 형정에 새겨진 법조문을 보고 무엇이 합법이고 무엇이 위법인지, 그리고 법을 어기면 어떤 징벌을 받는지 알게 될 경우에 무엇을 근거로 그들이 귀족을 존경하게 할 수 있느냐는 것이다.

그들은 단지 형정을 숭상할 것이다.

그렇다면 공자는 귀족의 특권을 수호하려 한 것일까?

그렇지 않다. 그것보다는 덕치를 더 수호하려 했다.

덕치는 덕으로 나라를 다스리는 것이니 법치가 법으로 나라를 다스리는 것인 것과 같다. 덕치의 수단은 예이며 법치의 수단은 형벌이다. 물론 여기에서 말하는 법치는 현대적 의미의 법치가 아니라 고대적 의미의 법치다. 고대적 의미의 법치는 사실 형법에 의한 통치, 즉 '형치刑治'였다. 따라서 한비 등의 "법으로 나라를 다스린다"는 말은 "형법으로 나라를 다스린다"는 뜻으로 이해해야 한다. 이 점을 잘 알아야 공자를 이해할 수 있다.

그러면 공자는 왜 법치와 형치에 반대한 것일까?

그것들이 표면만 다스릴 뿐, 근본을 다스리지 못한다고 생각했기 **218**

---

27 『좌전』 소공 29년 참고.

때문이다. 공자는 아래와 같이 말했다.

법령으로 이끌고 형벌로 다스리면 백성들은 형벌은 면하겠지만 부끄러움이 없어진다. 덕으로 이끌고 예로 다스리면 백성들은 부끄러움을 알고 바르게 된다道之以政, 齊之以刑, 民免而無恥; 道之以德, 齊之以禮, 有恥且格.[28]

이 말을 다시 풀이하면 이렇다. 법령으로 인도하고 형벌로 규제하면 백성들은 감히 죄를 짓지는 않지만 수치심이 없어진다. 그런데 도덕으로 인도하고 예의로 규제하면 백성들은 수치심을 알 뿐만 아니라 스스로 단속할 수 있게 된다.[29]

이것이 바로 공자가 덕치와 예치를 고수한 이유다.

확실히 공자의 생각은 일리가 있다. 악행을 하고 싶어 하지 않는 것과 감히 악행을 하지 못하는 것을 비교하면 분명히 전자가 낫기 때문이다. 그런데 한비는 왜 공자의 생각에 반대한 것일까?

공자의 이상이 근본적으로 실현 불가능하다고 생각했기 때문이다. 사실 사람들이 나쁜 일을 저지르는 것은 그것을 좋아해서가 아니다. 이해관계 때문이다. 사람들은 만약 이해관계가 크지 않으면 조금 도덕을 중시할 것이다. 그러나 이익의 유혹이 걷잡을 수 없이 크거나 손해를 감당하기 어려우면 아마 아무것도 신경 쓰지 않을 것이다.

219　　그래서 한비는 군주가 나라를 다스리려면 상벌을 비롯해 권세, 권

---

28 『논어』「위정」 참고.
29 도道는 인도한다는 뜻이고 제齊는 규제한다는 뜻이다. 격格에 관해서는 첸무錢穆의 『논어신해論語新解』를 보면 '기준에 도달하는 것'이라 하고 리링의 『집 잃은 개喪家狗』에서는 '규정을 따르는 것'이라 하며 리쩌허우의 『논어금독論語今讀』에서는 '인정하고 따르는 것'이라 한다. 나는 '알아서 도덕과 율령을 준수하는 것'이라고 생각한다.

모술수, 법을 사용할 수밖에 없다고 생각했다. 실제로 상과 벌이 있어야만 이익과 손해를 다룰 수 있다. 무슨 예치, 덕치 같은 것은 믿을 수 없다.

그런데 과연 형치와 법치는 쓸모가 있는 것일까?

그것은 충분히 방책을 마련하고 적절히 실천할 수 있느냐에 달렸다. 한비의 주장은 이렇다. 상은 통 크게 줘서 백성들이 확실히 이롭다고 여기게 해야 한다. 그리고 벌은 무겁고 정확해서 백성들이 두려워하게 해야 한다. 더 중요한 것은 법 집행의 통일성이다. 법을 제정하면 변함없이 오래 유지하고 백성들에게 공개해 알게 해야 한다.[30]

후한 상과 혹독한 벌, 일관적이며 엄정한 법 집행이 바로 한비의 '법치의 3원칙'이다. 큰 포상 밑에 반드시 용사가 있고 강압적인 통치 밑에 반드시 선량한 백성이 있다는 것이 그의 기본 관념이었다.

이러한 이른바 '법치'를 설마 원하는 사람이 있을까?

법가가 그토록 비판을 받은 것도 무리는 아니다.

사실 법가의 문제는 법 집행에 있지 않고 입법에 있었다. 또한 입법의 문제는 구체적인 조문에 있지 않고 입법의 정신에 있었다. 부연해 보면 국가는 왜 법률이 있어야 하고 법치를 시행해야 하는가? 법가의 목적은 명확했다. 군주의 통치를 튼튼히 만드는 것이었다. 이 목적에 도달하기 위해 그들은 문화와 사상에 대한 전제專制까지 동원했다. 한비는 이렇게 말했다.

현명한 군주가 다스리는 나라는 책의 글 없이 법으로 가르침을 삼고 선왕의 말없이 관리를 스승으로 삼으며 검객의 호위 없이 적의 머리를 베는 것으로 용맹을 삼는다故明主之國, 無書簡之文, 以法爲敎; 無先王之語, 以吏爲師; 無私劍之捍, 以斬首爲勇.[31]

위의 말은 지나치게 노골적이다. '책의 글 없이'는 어떠한 문헌과 전적도 필요치 않다는 뜻이며 '선왕의 말없이'는 어떠한 사상적 유산도 필요치 않다는 뜻이다. 이것은 분서갱유焚書坑儒의 시초가 아니었을까?

이런 환경에서 자란 국민은 "적의 머리를 베는 것으로 용맹을 삼는" 살인 기계가 될 수밖에 없을 것이다. 그들은 한비에 의해 '왕자王資', 즉 군왕의 패권을 위한 자본이라고 불렸다.

왕자들이 준수해야 할 것도 역시 왕법王法일 수밖에 없다.

이제 우리는 진퇴양난에 빠졌다. 그렇다. 한비의 법은 물론 제왕의 법이다. 그리고 공자의 덕도 군주의 덕이 아닌 적이 없었다. 그의 "군주는 군주답고, 신하는 신하답고, 아버지는 아버지답고, 아들은 아들다워야 한다"는 말도 제 경공에게 들려준 말이었다.[32]

하나는 왕법이고 다른 하나는 왕도이니 별로 다를 것도 없지 않은가?

아무래도 유가와 법가의 논쟁에서 벗어나야 할 듯하다.

---

31 「한비자」 「오두」 참고.
32 「논어」 「안연」 참고.

사실 논쟁을 끝내는 것은 그리 어렵지 않다. 나라를 다스리는 것은 과연 덕으로 해야 하는가, 법으로 해야 하는가? 당연히 법으로 해야 한다. 덕은 실행성이 떨어지기 때문이다. 이른바 '덕으로 나라를 다스리는 것'은 실제로는 예나 윤리로 나라를 다스리는 것이다. 덕치와 법치의 논쟁은 사실상 예치와 형치의 논쟁이었던 것이다.

그렇다면 더 이상 논의할 필요가 없다.

예로 나라를 다스리는 것은 이미 지나간 얘기가 되었으며 덕과 법의 관계도 그리 어렵지 않게 조정이 가능하다. 법으로 나라를 다스리고 덕으로 사람을 기르는 것이 아마도 적절한 선택일 것이다.

진정으로 사유할 필요가 있는 문제는 다음과 같은 것들이다. 우리에게는 왜 법이 있어야 하는가? 우리에게는 왜 덕이 있어야 하는가? 우리에게는 어떤 법이 필요하며 또 어떤 덕이 필요한가? 이런 것들은 꼭 점검해야만 한다. '덕 없는 덕無德之德'은 필연적으로 위선이며 '법이 아닌 법非法之法'은 필연적으로 악법이기 때문이다. 그리고 우리는 그런 것들에 이미 당할 만큼 당해왔다.

당한 만큼 지혜도 늘게 마련이다. 그러면 진지하게 생각해보자. 인성을 어떻게 봐야 하는가? 제도는 어떻게 수립해야 하는가? 민족의 혼은 어떻게 빚어내야 하는가? 그리고 미래의 길은 또 어디로 이어져 있는가?

하지만 제자백가는 이미 이런 질문에 답할 수 없다

222

결론 없는
백가쟁명

공자부터 한비까지 제자백가의 논쟁은 중국의 사상과 문화의 화려한 악장을 연주했으며 지금까지도 해결되지 못한 여러 문제들을 남겼다.

하지만 그 숱한 문제들은 결국 두 가지로 압축된다.

하나는 어떻게 나라를 다스리느냐는 것이고 다른 하나는 어떻게 올바른 인간이 되느냐는 것이다.

인간됨에 관한 철학은 곧 생존의 도다. 생존의 도에 관한 논쟁은 두 가지 다른 차원에서 비롯되었다. 하나는 인성론, 다른 하나는 방법론이다. 도가는 인성에 관해 논하지 않았다. 필요 없다고 생각했기 때문이다. 그들이 보기에 인성은 곧 인간의 천성이었다. 그렇지 않으면 어떻게 성性(본질)이라고 불릴 수 있겠는가? 묵자, 맹자, 순자는 인성이 인간과 동물이 구별되는 지점에서 규정된다고 생각했다. 그렇지 않으면 어떻게 인성이라 불릴 수 있겠는가?

그러면 인간과 동물은 무엇으로 구별되는가?

묵자는 노동이라고 생각했고 맹자와 순자는 윤리라고 생각했다. 묵자는 노동하지 않으면 인간은 생존할 수 없다고 말했다. 맹자와 순자는 예의가 없으면 인간은 금수와 다름없다고 말했다. 순자는 심지어 사람이 사람인 까닭이 겨우 "다리가 둘에 털이 없는二足而無毛" 데에 있겠느냐며 그것은 부자父子의 친함과 남녀의 구별에 있다고 말했다.[33]

그래서 묵자는 의義를 귀하게 여겼고 순자는 예를 숭상했다. 묵자는 자기 힘으로 생활하고, 노동에 따라 나눠 갖고, 각자의 능력을 다하고, 기회를 균등하게 갖는 것을 주장했다.[34] 그리고 순자는 귀천에는 등급이, 연령에는 차이가, 경중輕重에는 구별이, 빈부에는 이유가 있다고 주장했다.[35] 그들이 중시한 가치를 보면 묵자는 공평과 정의, 순자는 질서와 문명이었다.

또한 맹자의 주장은 백성에게 자애로우며 만물을 사랑하고, 선을 지향하며 악을 미워하고, 현자를 높이며 윗사람을 존경하고, 옳고 그름을 명확히 분별하는 것이었다. 이 주장들은 나누어 논하면 인의예지이고 다 합치면 의로 통칭된다. 공자는 인을 이루라 했고 맹자는 의를 취하라 했으니 이것이 공자와 맹자의 다른 점이다. 그리고 두 사람의 공동의 가치관은 곧 인애와 도의道義다.

오직 한비만 인성이 본래 악하다고 생각했다.

이것은 방법론과 관계가 있다.

---

33 『순자』「비상非相」 참고.
34 본서의 제2장을 참고.
35 『순자』「예론禮論」 참고.

한비의 방법론은 '투쟁의 철학'이다. 그의 명언 중에 "얼음과 숯불은 같은 그릇에 오래 넣어둘 수 없고 추위와 더위는 동시에 닥치지 않는다氷炭不同器而久, 寒暑不兼時而至"[36]는 말이 있다. 서로 모순, 대립되는 쌍방은 절대로 공존할 수 없다는 뜻이다. 그래서 인성 속에 이미 악이 있다면 선은 절대로 함께 있을 수 없다. 역시 그래서 덕치와 예치는 다 쓸모가 없으므로 형벌로 위협하고 이익으로 유혹하며 양면삼도를 활용하는 수밖에 없다.

공자의 방법론은 '중용의 도'다. 중은 극단에 치우치는 것이고 용은 이상론을 내세우지 않는 것이다. 극단에 치우치지 않으면 인성이 악하다고도, 인성이 선하다고도 말할 수 없으며 아예 거론하지 않는 것이 가장 좋다. 또한 이상론을 내세우지 않으면 요순시대나 상나라, 주나라 시대로 돌아가자고 주장하지 못한다. 공자조차 자기를 써주는 나라가 있으면 "그 나라를 동주로 만들어주겠다吾其爲東周乎"[37]고 말하는 데에 그쳤다.

노자의 방법론은 "바른 말은 진실과 반대되는 듯하다正言若反"이다. 그도 "화는 복이 의지하는 바이며 복은 화가 숨어 있는 곳이다禍兮福之所倚, 福兮禍之所伏"[38]라는 명언을 남겼다. 다시 말해 모순, 대립되는 쌍방은 일정한 조건 아래 상호 전환되게 마련이라는 뜻이다. 이 논리에 따르면 선은 곧 악이고 악은 곧 선이며 선은 악으로 변할 수 있고 악도 선으로 변할 수 있다. 그래서 노자는 인성의 선악에 관해 논하지

225

---

36 『한비자』 「현학」 참고.
37 『논어』 「양화」 참고.
38 『노자』 제58장 참고.

않았다.

그런데 노자는 인성은 이야기하지 않았어도 치국治國은 이야기했다. 이것은 제자백가 모두의 화두였으며 그들 간의 차이는 단지 도가는 자치自治를, 묵가는 인치人治를, 유가는 덕치를, 법가는 법치를 강조한 것에 불과했다. 결과적으로 한비와 노자가 암암리에 상통하는 점이 있는 것은 둘 다 무위를 중시했기 때문이며 묵가와 법가가 서로다른 길을 택하고도 같은 결론에 이른 것은 역시 둘 다 군권을 중시했기 때문이다. 오히려 자유도, 평등도 언급한 바 없는 맹자가 민권을주장했다.

역사의 장난은 실로 누구도 막을 수 없다.

그런데 노선의 선택은 아주 분명했다. 대체적으로 도가는 천도를,묵가는 제도帝道를, 유가는 왕도를, 법가는 패도를 중시했다. 천도를중시하여 태곳적으로 돌아가려 했고 제도를 중시하여 요순시대로 돌아가려 했으며 왕도를 중시하여 상나라, 주나라 시대로 돌아가려 했다. 이것들은 모두 과거로의 회귀였다. 오직 패도를 중시해야 다가오는 진나라와 한나라 시대로 나아갈 수 있었다.

그래서 법가가 승리를 거뒀다.

하지만 법가의 독주는 오래 가지 않았다. 한나라 초기에는 황로黃老사상(황제黃帝와 노자를 시조로 하는 도가계의 사상)이 부상했으며 한 무제는유학을 숭상했다. 그 후로 역대 왕조의 통치술은 모두 유가와 법가를 겸하고 왕도와 패도를 혼용했으며 학계와 사대부는 유가와 도가를 아우르거나 불교를 덧붙여 삼교합류三敎合流의 경향을 보였다.

요컨대 이데올로기 영역에서 유가와 법가는 공동으로 '집권당'이 되었다. 다만 유가는 무대 위에, 법가는 막후에 있었을 뿐이다. 도가는 '야당'으로서 간혹 정치에 참여하기도 했지만 대체로 불교 사상과 주도권을 주고받았다. 오직 묵가만 '지하당'이 되어 사회 기층에서 암암리에 유행했는데, 강호의 협객들과 비밀 단체가 그들의 주장을 일부 실현했다.

그러면 백가쟁명은 이렇게 마침표를 찍은 것일까?

그렇지 않다.

비판의 무기는 무기의 비판을 대신할 수 없다. 마찬가지로 무기의 비판도 비판의 무기를 대신할 수 없다. 치국의 논쟁을 예로 든다면, 진시황과 한 무제가 제자백가의 칼과 권한을 빼앗았어도 문제는 진정으로 해결되지 못했다. 안 그랬으면 어떻게 훗날 신해혁명이 일어났겠는가?

이렇게 본다면 300년 간의 백가쟁명은 사실상 결론을 내지 못했다.

그러나 결론을 내지 못한 것이 정상이다. 인성의 선악 같은 문제는 아마도 영원히 결론을 얻지 못할 것이다. 인류 공동의 가치도 인류 전체가 머리를 맞대고 고민해야 할 화두다. 다만 문제는, 제자백가의 시대에 우리가 깊이 사유하여 가치를 실현할 수 있는 공간이 있었느냐는 것이다. 그렇지는 않은 듯하다.

자유와 평등을 예로 들어보자.

평등은 묵자와 한비, 둘 다 주장했다. 그리고 평등에 자유를 더한 것이 장자의 가치관이다. 소요유는 자유이며 제물론은 평등이다. 하지만 애석하게도 장자의 평등은 실현 불가능하다. 자유에 대한 그의 이해는 문제가 있다. 사실상 자유는 여태껏 천부적인 것이 아니었으며 자연계에 속한 적도 없다. 그런데도 자연 그대로의 상태를 평등으로, 하늘이 정한 본성을 자유로 삼는다면 결국에는 자유도, 평등도 없을 수밖에 없다.

묵자와 한비는 더 참담해서 평등에서 전제주의로 나아갔다.

그러면 대체 왜 이런 결과가 빚어졌을까?

사실 백가쟁명을 돌아보면 모든 문제제기와 논쟁이 세속적 삶의 범위 안에서 이뤄졌음을 알 수 있다. 이 점은 같은 축의 시대에 활동했던 다른 민족의 사상가들과 확연히 다르다. 고난 앞에서 유대의 선지자들과 석가모니는 속세를 초월했으며 자연 앞에서 고대 그리스 철학자들은 사변으로 나아갔다. 그들은 모두 인간의 궁극적인 존재와 세계의 근원을 고민했다. 제자백가는 그런 데에는 관심이 없었다. 노자의 도가 있기는 했지만 그것도 고대 그리스의 '물리적 성질의 배후'가 아니라 중국의 '윤리학의 배후'가 되었다.

확실히 중국 문명은 가장 사상적 활동이 활발했던 시대에도 종교와 과학의 요소가 모자랐다. 아마도 여기에서 모든 문제의 원인이 비롯되었거나 이것 자체가 원인들 중 하나일 것이다. 만약 그렇다면 더 심층적인 원인은 또 무엇일까?

그것은 3700년에 걸친 중국인의 운명 및 선택과 관련이 있을 것이므로 장기적인 관점에서 차차 논의해야 할 것이다. 지금 해야 할 일은 우선 진시황과 한 무제 등이 어떻게 중국 역사상 '최초의 제국'을 만들어냈는지 살피는 것이다.

저자 후기

하백이라도
될 수 있다면

가을이 오고 비가 내렸다.

크고 작은 냇물이 흘러들어간 황하는 더 장대해졌다. 언덕과 모래 사장에 서서 강 건너편을 바라보면 그곳의 가축이 말인지 소인지 분간하기 어려웠다.

황하의 신, 하백河伯은 기뻐하며 세상의 아름다움이 다 자기에게 있다고 여겼다.

그는 의기양양해져 북해의 신을 만나러 가기로 결심했다. 그런데 강물을 따라 북해에 이르러 동쪽을 바라보니 북해의 물이 끝도 없이 아득히 펼쳐져 있었다.

하백은 바다 앞에서 탄식을 금치 못했다.

그는 북해의 신, 북해약北海若에게 말했다.

"오늘 이곳에 오지 않았다면 도를 깨우친 이들에게 영원히 웃음거리가 될 뻔했습니다."[1]

나는 선진시대 제자백가를 읽고 정확히 이런 생각이 들었다.

확실히 제자백가의 사상은 저 북해의 물처럼 끝도 없이 아득했다. 더욱이 북해양은 하백에게 이 세상은 천지 사이에서 큰 못의 구멍 하나에 불과하고 중국은 이 세상에서 큰 곳간의 좁쌀 한 톨에 불과하다고 말했다. 그러면 나 역시 도를 깨우친 이들에게 웃음거리가 되지 않겠는가?

아마도 그럴 가능성이 크다.

나는 아주 어릴 때 제자백가의 책을 읽었다. 맨 처음 나를 매료시킨 것은 맹자가 말한 배수거신杯水車薪(한 잔의 물을 한 수레의 장작불에 끼얹는다는 뜻으로 계란으로 바위치기를 의미함), 장자가 말한 조삼모사朝三暮四, 한비가 말한 수주대토守株待兔, 노마식도老馬識途(늙은 말이 갈 길을 안 다는 뜻으로 연륜으로 쌓인 지혜를 의미함), 정인매리鄭人買履(정나라 사람이 발 치수를 잰 끈을 까먹고 시장에 신발을 사러 갔다가 직접 신어보고 사면 될 것을 꼭 그 끈이 있어야 한다고 고집해 결국 신발을 사지 못했다. 융통성이 없음을 꼬집는 말) 같은 고사성어였다.

그 다음에는 책 속의 여러 경구를 외우기 시작했다. 예를 들어 『논어』의 "온 세상 사람이 다 형제다四海之內, 皆兄弟也"[2], 맹자의 "하늘이 내리는 좋은 때는 지리적 이로움만 못하고 지리적 이로움은 사람들의 화합만 못하다天時不如地利, 地利不如人和"[3], 장자의 "우리 삶에는 끝이 있지

1 『장자』「추수」 참고.
2 『논어』「안연」 참고.
3 『맹자』「공손추 하」 참고.

만 앎에는 끝이 없다吾生也有涯, 而知也無涯"[4], 순자의 "멈추지 않고 새기면 쇠와 돌에도 새길 수 있다鍥而不舍, 金石可鏤"[5] 등이었다. 이런 것들을 외우면 글을 쓸 때 써먹기도 좋고 뭔가 깨우쳐주는 바가 있었다. 나는 심지어 공자가 "태산에 올라 천하가 작은 것을 알았을 때登泰山而小天下" 과연 어떤 기분이었을지 상상해보기도 했다.

그 다음에는 지방에 내려가 노동개조를 받았고, 또 그 다음에는 '평법비유評法批儒' 운동에 참여했다. 1970년대에 벌어진 평법비유 운동은 법가와 유가를 비판하는 활동이었다. 그때 나는 제자백가를 읽을 기회를 얻었다. 비록 공개적으로는 유가를 무차별로 욕해야 했지만 속으로는 적어도 "삼군의 장수는 빼앗을 수 있어도 필부의 뜻은 빼앗을 수 없다三軍可奪帥也, 匹夫不可奪志也"[6] 정도는 꽤 괜찮다고 생각했다.

더구나 그때는 살기가 정말 힘들었다. 그래서 맹자의 "하늘이 장차 이 사람에게 큰 임무를 내리려 할 때는 반드시 먼저 심지를 지치게 하고 뼈마디를 힘들게 하며 몸을 굶주리게 하고 궁핍하게 만든다天將降大任于是人也, 必先苦其心志, 勞其肋骨, 餓其體膚, 空乏其身", "그런 뒤에야 우환 속에서는 살고 안락 속에서는 산다는 것을 알게 된다然後知生於憂患而死於安樂也"[7] 등이 정말 훌륭한 말임을 더욱 실감했다. 공자와 맹자의 도라고 해서 일괄적으로 부정할 수 없었던 것이다.

나는 맹자가 그때의 나처럼 밤하늘을 보다가 외계인이라도 잡아먹 **234**

---

4 『장자』「양생주」참고.
5 『맹자』「고자 하」참고.
6 『논어』「자한」참고.
7 『맹자』「고자 하」참고.

고 싶다는 생각이 들 만큼 배가 고파본 적이 있는지는 잘 모른다. 그러나 아주 오랜 시간이 지난 뒤, 진정으로 공감한 한 마디가 있다. 그것은 바로 "생각지도 못한 명예도 있고 완벽함을 추구하다 받는 비난도 있다有不虞之譽, 有求全之毁"[8]는 말이다.

생각지도 못한 명예와 완벽함을 추구하다 받는 비난, 이 두 가지를 나는 최근 몇 년 사이 경험한 바 있다. 『이중톈 중국사』가 받을 비판도 아마 그러할 것이다. 특히 이 6권은 만약 완전무결함을 요구받는다면 숱한 비난을 받을 수도 있다. 왜냐하면 제자백가는 태평양인데 반해 이 책은 황푸 강黃浦江(상하이를 지나는 중국 양쯔 강의 하류)에도 못 미치기 때문이다.

혹시 그렇게 된다면 나로서는 그 비난을 고스란히 받아들일 수밖에 없다.

내가 할 수 있는 유일한 변명은 아직 이 주제에 관해 다 이야기하지 않았다는 것이다. 예를 들어 유가의 가장 중요한 사상인 인학仁學 체계와, 훗날 유가와 법가의 관계는 8권에서 거론될 것이다. 왜냐하면 이 두 가지 문제는 오직 한 무제가 다른 학파들을 물리치고 유가만 채택한 뒤에야 분명해지기 때문이다. 또한 백가쟁명과 그 영향에 대한 총평은 아마도 마지막 권에서 이뤄질 것이다.

하지만 제자백가는 앞으로 이어질 여정 속에서 항상 우리와 동행할 것이다.

235

8 『맹자』「이루 상」 참고.

이중톈과 유교

역사 서술은 어쨌든 에세이가 아니기에 『이중톈 중국사』 안에서는 이중톈이 오늘날 중국의 유교를 어떻게 생각하는지 가늠하기 어렵다. 주지하다시피 오늘날 중국은 공자와 그의 유가 사상을 민족정신의 뿌리로 인정하고 세계에 선전하고 있다. 베이징올림픽 개막식에서는 무려 3000명의 인원이 공자의 제자로 분장한 채 『논어』의 첫 구절을 외쳤고 전 세계에 중국어와 중국 문화를 알리는, 중국 국무원 산하의 국제 교육조직의 이름은 '공자아카데미'다. 또한 2011년에는 톈안먼 광장에 9.5미터 높이의 공자 동상이 세워졌다. 그렇다면 이러한 국가적 '유교 되살리기'에 대하여 이중톈은 어떤 생각을 갖고 있을까? 이것은 줄곧 나의 주된 관심거리였다.

오늘 나는 2011년 1월에 이중톈이 발표한, 「우리는 유가로부터 무엇 **236**

을 계승하고 또 어떻게 계승할 것인가」라는 글을 보고 비로소 의문의 답을 얻었다. 그가 이 글을 발표한 목적은, 2010년 12월 2일 유력 주간지 『난팡주말南方週末』에 게재된 「어떻게 중국의 전통문화를 대해야 하나」와 관련해 반대 의견을 표명하기 위해서였다.

「어떻게 중국의 전통문화를 대해야 하나」는 세계적인 유교 철학자 두웨이밍杜維明과 위안웨이스袁偉時의 대화록이다. 이중톈의 표현에 따르면 이들은 '대가의 풍모'로 "삼강三綱은 나쁘지만 오상五常은 놔둬도 된다"는 의견을 밝혔다고 한다. 본래 '삼강오상'은 전한前漢의 대유학자 동중서董仲舒가 최초로 제시한 유가의 기본 도덕규범이다. 삼강은 신하는 군주를, 아들은 아버지를, 아내는 남편을 따라야 한다는 세 가지 강령이며 오상은 실천 원칙으로서 맹자의 인仁, 의義, 예禮, 지智에 동중서가 따로 신信을 덧붙였다. 따라서 두 철학자의 의견은 표면적으로는 절충적이면서도 합리적이다. 우리 현대인의 입장에서 전근대적 인간관계인 삼강은 당연히 현실적 의의가 없다. 그러나 오상은 문제가 다르다. 관용, 정의, 예의, 지혜, 신용은 동서고금을 초월하는 게임의 룰이기 때문이다.

그러나 이중톈은 두 가지 이유를 들어 반박을 시도한다.

삼강과 오상은 그 당시 '더치페이'가 되지 않았다. 거꾸로 혼연일체로서 함께 존재하고 함께 번영했다. 둘은 사실 강목綱目과 체용體用의 관계였다. 다시 말해 삼강은 강, 오상은 목, 삼강은 체, 오상은 용, 나아가 삼강은 가죽, 오상은 털이었다. 가죽이 없으면 털이 어디에 붙겠는가? 삼강이 없으면 오상도 존재의 합리성을 갖지 못한다.

더구나 이른바 '오상'은 그 자체로 문제가 한가득이다. (두 철학자는) 동중서가 맹자의 '인의예지'에 부적절하게 '신' 하나를 덧붙인 것을 지적하지 않았을 뿐더러 이 다섯 자를 현대적으로 해석해 현대적 가치로 바꿀 수 있는지도 논하지 않았다. 아니, 그렇다고 치더라도 (전통문화에서) 꺼내와 사용할 수 있는 것이 '인의예지신'뿐이겠는가? 충忠, 서恕, 용勇도 '신'보다 못하지 않다. 그렇다면 인, 의, 예, 지, 충, 서, 신, 용을 '팔상八常'으로 삼아도 되지 않을까. 왜 '오상'만 가능한가? 유엔 상임이사국 숫자도 아닌 바에야.

요컨대 이중톈은 신중한 사유 없이 기계적, 절충적으로 전통적인 가치를 받아들이는 것을 경계하고 있다. 그가 보기에 삼강오상은 임의로 일부를 떼어낼 수 없는 고정적 결합체일 뿐더러 이미 '쉬어버린 음식'이다. 그는 이 '음식'이 한나라 때는 신선했지만 신해혁명 이후에는 완전히 쉬어버려 먹으면 배탈을 일으키게 되었다고 표현했다. '오륜五倫' 역시 별다른 차이가 없다. 군신유의, 부자유친, 부부유별, 장유유서, 붕우유신 중 군신유의는 무의미해졌고 부부유별과 장유유서는 이미 전근대의 산물로 취급되니 더는 오륜의 존재 근거를 따질 수 없게 되었다.

그러면 이중톈은 전통 유가 사상을 완전히 부정하는 것일까? 그렇지 않다. 그는 '인仁'이나 '중용中庸'은 적극적으로 긍정하고 계승하고자 한다. 그 이유는 민족과 시공을 초월하는 인류의 보편적 가치이기 때문이다. 예를 들어 인은 육친의 사랑을 바탕으로 하여 그 사랑을 사회 전체로 확장시키려는 이상이다. 그리고 그 안에는 "내가 원치 않는 것을 남에게 강요하지 않는己所不欲, 勿施於人" '충서지도忠恕之道'와 남을 불쌍히 여기는 선천적 동정심을 뜻하는 '측은지심惻隱之心'이 포함된다.

이처럼 인류의 보편적 가치에 부합하는 유가의 전통적 가치를 계승하되, 이중톈은 그 계승의 방법까지 제시한다. 그것은 이른바 '추상적' 계승이다. 주지하다시피 추상이란 어떤 사물이나 개념에서 특정한 속성을 추출하는 것을 말한다. 이중톈은 아무리 보편성을 지닌 전통적 가치여도 지난 시대의 역사적 맥락에서 탄생했기에 자유, 평등, 인권 같은 현대적 관점에서 볼 때 불필요한 요소를 필연적으로 갖고 있다고 판단했다. 따라서 현대적 관점에 바탕을 둔 추상적 계승을 통해 전통적 가치에서 합리적인 부분만을 추출해 계승해야 하는 것이다. 이 과정을 두고 이중톈은 "유학을 세탁기에 넣고 표백제를 넣는 것"이라고 비유해 말한다.

239 사실 2000년 역사를 관통해온 유가 학설은 본래 녹 자국이 얼룩

진 출토물일 뿐이다. 현대 문명의 세례를 받아야만 비로소 찬란한 빛을 발할 수 있다. 묵가, 도가, 법가, 다른 제자백가와 전통문화도 마찬가지다. 인류 보편의 가치를 기준으로, 추상적 계승을 방법으로, 그리고 현대적 해석을 경로로 삼는다면 우리는 무엇을 어떻게 계승하느냐는 문제를 해결할 수 있을 것이다.

결론적으로 이중톈은 유교 사상에 대해 전면적인 긍정도, 전면적인 부정도 하지 않는다. 그가 주목하는 것은 유교 사상 속에서 여전히 생명력을 유지하고 있는, 일부 보편적 가치의 '창조적 전화轉化'다. 지금 그의 손은 역사를 기술하고 있지만 그의 눈은 미래를 바라보고 있는 것이다.

2015년 1월

본문의 인물 연표

기원전 586~기원전 538	유대의 선지자들, 모세 5경
기원전 580?~기원전 500?	피타고라스
기원전 565?~기원전 485?	석가모니
기원전 551~기원전 479	공자
춘추 시대 말기	손무, 『손자병법』의 저자
기원전 469~기원전 399	소크라테스
기원전 468?~기원전 379?	묵자
묵자와 동시대	양주
기원전 427~기원전 347	플라톤
전국 시대 초기	『노자』의 완성
기원전 390?~기원전 338	상앙
기원전 384~기원전 322	아리스토텔레스
기원전 372?~기원전 289	맹자
기원전 369?~기원전 286	장자
기원전 341~기원전 270	에피쿠로스
기원전 340?~기원전 278?	굴원
기원전 313?~기원전 238	순자
기원전 280?~기원진 233	한비

이중톈 중국사
\06\
백가쟁명

초판 인쇄	2015년 1월 16일
초판 발행	2015년 1월 23일

지은이	이중톈
옮긴이	김택규
펴낸이	강성민
기획	김택규
편집	이은혜 박민수 이두루
편집보조	유지영 곽우정
마케팅	이연실 정현민 지문희 김주원
온라인 마케팅	김희숙 김상만 한수진 이천희
독자모니터링	황치영

펴낸곳	(주)글항아리	출판등록 2009년 1월 19일 제406-2009-000002호
주소	413-120 경기도 파주시 회동길 210
전자우편	bookpot@hanmail.net
전화번호	031-955-8891(마케팅) 031-955-1903(편집부)
팩스	031-955-2557

ISBN   978-89-6735-170-0   03900

글항아리는 (주)문학동네의 계열사입니다.

이 도서의 국립중앙도서관 출판시도서목록(CIP)은 서지정보유통지원시스템 홈페이지
(http://seoji.nl.go.kr)와 국가자료공동목록시스템(http://www.nl.go.kr/kolisnet)에서
이용하실 수 있습니다. (CIP제어번호 : CIP2014034761)